監査を今、再び、考える。

監査を考える原点は何か？

鳥羽至英
秋月信二 著

KUNIMOTO SHOBO
国元書房

序　文

本書は、われわれの経済社会においてさまざまな形で実施されてきた監査（audit）という行為に対して、学問の立場から、あるいは実務の立場から関心を抱いておられる諸氏に対して、監査という行為をどのように考え、また、どのように理解したらよいのかという問題意識を背景にして執筆された「監査を考えるための本」である。

本書では、監査が有している専門的／技術的な側面は可能な限り削ぎ落し、また、監査について専門的知識を有していない読者も視野に入れながら、可能な限り丁寧に、そして具体的に説明するよう心掛けた。読者の側において「監査とは何か」という学術的な疑問や関心さえあれば、現実に行われているさまざまな態様の監査――とりわけ公認会計士監査、監査役監査、そして内部監査――の外郭の違いにかかわらず、十分に本書を読破でき、読者それぞれの立場や関心から必ずや監査に対する見方・捉え方を深め、監査に対する更なる思考を展開できるもの、と確信している。

監査という行為を深く掘り下げて考えるための素材を、十分ではないことを認めつつも、監査史に求め、法制度に求め、経営管理やガバナンスに求めるなど、さまざまな視点を交えつつ、監査という行為の本質的側面を可能な限り蒸留すべく努めた。蒸留の過程で説明しておいたほうがよいと思われる、やや深く立ち入った部分については、本文からは切り離し、★を付して説明を行っている。関心のある読者におかれては、この部分にも是非立ち寄っていただければ幸いである。

われわれは、読者諸氏に、監査について1つの本質的な見方――核となる概念――を提示し、ご批判、できればご理解をいただきたいと思っている。それが受託責任という概念である。この概念自体の起源は古いが、その意味内容は現代の経済社会の視点から解明される必要がある。受託責任概念の意味内容が再解明されたうえで、公認会計士監査（財務諸表監査）であれ、監査役監査であれ、内部監査であれ、「受託責任監査」として理解されるべきことを、本書の主張の中心においている。

本書の出版に当たっては、㈱国元書房代表取締役　國元孝臣氏のご理解とご支援をいただいた。版の大きさを通常より小さく、かつ、できる限り頁数を抑え、読者にとって読むことの負担感が小さくなるように努めた。本書が監査を考えるうえで、監査実務の在り方を見直すうえで、そして監査という行為を学問的に整理し構想するうえで何らかの気づきのきっかけとなれば幸いである。

２０１８年９月20日

秋月　信二
鳥羽　至英

目次

本文を読まれる前に

読者の皆さんは、「監査」（audit）という行為を、どのような行為である、と理解されていますか。監査機能の担い手を「監査人」と総称するならば、読者諸氏は、「監査」を、どのような監査人の行為である、と理解されていますか。

「監査の爆発」（Power. 1994）という言葉が象徴しているように、監査という語がさまざまな形で登場し、流行となっている。このような「監査用語の氾濫」とも呼べるような社会情勢を受けて、同じ著者（Power. 1997）が『監査社会――検証の儀式』という書物を著わした。社会の構成員間での利害の対立が顕著になると、さまざまな形で第三者による立証／検証が求められるようになり、それが監査に結びつけられた。そのなかには、監査という言葉を使うことがふさわしくない場合も多々あった。この状況はわが国でも同じである。まず、監査という言葉が付く用語を思いつくままに、列挙してみよう。

会計監査、業務監査、経営監査、財務諸表監査、事業報告監査、内部統制監査、不正摘発監査、コンプライアンス監査、システム監査、プロセス監査、環境監査、社会責任監査、

情報監査、言明の監査、行為の監査、予防的監査、公認会計士監査、会計監査人監査、監査役監査、監査委員会監査、監査等委員会監査、内部監査、外部監査、監事監査、事前監査、事後監査、情報セキュリティ監査、ＩＴ監査、上場会社監査、非上場会社監査、非営利法人監査、公益法人監査、独立行政法人監査、会計検査院監査（検査）、地方自治体監査、三様監査等々。

以上に列挙した監査用語は、監査の主体（監査人）を視点に置いたもの、監査の客体（監査対象）を視点に置いたもの、監査の目的を視点に置いたもの等さまざまである。三様監査――これ自体は、監査ではない――という用語を除く、それ以外の監査用語には、監査の特徴が識別できるような象徴的な表現が付されており、それぞれ存在意義を有している。監査の分類には適しており、監査の外郭がイメージしやすい。しかし、これらの用語のなかには、監査の内実を学術的に深く理解するうえで妨げとなり、また用語によっては弊害さえも起こり得るものもある。

以上の監査用語群のなかに、監査を学術的に理解するうえで、また、現実になされている監査の態様や名称に囚われることなく、監査という行為とその特性を理論的な拡がりのなかで透視できる用語はあるだろうか。そのような用語があるならば、それらは監査概念として純化する必要がある。われわれは、「行為の監査」(action audit）と「言明の監査」（statement audit）こそが、監査を考えるうえでの最も基本的な概念ではないか、と考えている。

さまざまな視点を反映し、監査の外延的意味が拡大している。そのこと自体、問題ではない。問題とすべきことがあるとすれば、「監査とは何か」という問いかけに対してまず用意されるべき「監査の内包的意味」が明らかにされることなく、社会の流れに沿って、その外延がさらに拡がりつつあることである。場合によっては、監査という行為の本質が脇に置かれ、あるいはそれが希薄化される。このことを憂いているのである。

読者諸氏に問いたい。「**監査をどのような意味内容のものとして理解していますか**」と。もし不幸にも、関係者が下す監査の定義が異なっていれば――本質的に異なるものであれば――、もはや監査一般を学術的に議論・展開することはおそらくできないであろうし、概念として純化されることはないであろう。監査が学問の対象としての地位を享受すること、それが難しくなる。

このような状況にさらなる拍車をかけたように思われるのは、「**保証**」（assurance）と「**保証業務**」（assurance services）という用語である。両者は同じではない。保証業務は職業会計士業務の1つの範疇に付された名称であり、基本的にはその業務を依頼した者に対して提供される。保証業務の対価を支払うのは当該業務の依頼人すなわち企業である。これに対して保証を必要としているのは、たとえば企業が公表する財務諸表を利用する投資家（財務諸表利用者）であり、そこにおける保証とは、職業会計士[1]が監査報告書において財務諸表に

★1　発語内行為について

われわれの言語行為のなかには、発語を行っているなかである行為をなしている、と説明される部分がある。この言語行為は発語内行為（illocutionary act）と呼ばれている。発語内行為と認識されるためには、①文形式をとっている発語が、第一人称を採っていること、②遂行的動詞が伴っており、それが現在形であること、そして③当該発語が能動態であることが必要である。監査人が監査報告書において財務諸表の適正表示について「意見を述べる」（opine）という発語行為が、この条件をすべて満たしている。すなわち、監査人が意見を述べるという行為のなかで、監査人は財務諸表の信頼性を保証しているのである。この発語内行為こそが「保証」なのである。この分野に学問的な関心を抱かれる読者は、以下の本（翻訳書）を一読されたい。オースティンはこの分野のパイオニアである。坂本百大訳・J.L. オースティン『言語と行為』大修館書店　1978年。

対する監査意見を表明するなかで果たそうとする行為──財務諸表の信頼性の保証──である。それは、少し理屈っぽくなって恐縮であるが、監査人の言語行為（厳密には**発語内行為**★1）にほかならない。保証という監査用役の受益者は財務諸表利用者自身であって、監査業務を依頼した者ではない。会計士業務としての「保証業務」と、監査意見を表明するなかで遂行する言語行為としての「保証」が区別されず、曖昧に使われてきた。

1　本書では、職業会計士と公認会計士とを使い分けている。外国における会計の職業専門家を含めている場合には「職業会計士」、わが国に限定している場合には「公認会計士」としている。

同様のことは監査と監査業務についてもいえる。監査業務を保証業務と捉えたうえで、保証業務の外延を拡げていくと、そのうちに、監査という概念自体に緩みが生ずるようになる。監査という行為が本質的に内包している機能――監査を受ける者に対して監査人が行う助言や指導――の側面を必要以上に取り上げると、そのうちに、「監査の本質は指導機能である。」とか「監査は助言業務である。」という性格づけも可能となる。監査概念が、いろいろな状状況や影響を受けて弛緩《しかん》してしまうのである。このような概念的な緩みがなぜ生ずるのかについて確たる説明はできないが、欧米における監査の歴史的な展開を概観すれば、外部監査であれ内部監査であれ、それを牽引し発展させてきたのは、職業会計士であったことと大いに関係しているのではないか、と推察している。

われわれにとって重要なことは「**監査とはいかなる概念であるか**」という問いかけと、それに対する学術的な答えである。監査という用語の意味を国語辞典に求めるのではなく、学術的研究に求め、それに基づいて監査に関する従来の組織や制度の在り方を省察し、変容させることが必要であろう。国語辞典が与えている説明に満足してはならない。国語辞典の示す説明に固執することは避けなければならない。似て非なる監査用語が広まるだけでなく、監査制度や株式会社制度の在り方にも影響を与えかねないからである。事実、われわれは、監査概念の貧困が会社法におけるコーポレート・ガバナンスの在り方にも混乱を与えている（与えてきた）と考えている。

本書は研究書ではないが、監査に従事する読者、監査に関心をもつ学徒に、「監査とは何か」を考え、今一度、問い直してもらうことを願って著わした、若き時代に「監査学」の誕生を夢みてこの領域に立ち入り、いまだにこの概念に対する学問的な関心を捨てきれない監査研究者の「監査概念への誘いの書」である。

本書が監査に関心を有する1人でも多くの意《こころ》ある人たちに届き、大きな反響がいただけること、監査という分野が1つの「学問」としての体をなすことを祈念している。

第1章　監査とはいかなる概念か──監査の歴史にみる混乱

会計と監査の歴史を扱った文献は、監査の歴史が、ほぼ、会計の歴史と時代的には符合することを説明する。まさに「会計のあるところ、監査あり。」である。しかし、とりわけ監査の歴史を、それを裏づける史料とともに、明らかにした文献は、著者の知る限り、極めてわずかである。監査が行われていたことは説明されているが、

どのような監査が

どのような社会的関係を前提になされたか

を十分に跡づけ、明らかにした史料は極めて限られている。監査史研究は、その意味で、非常に難しい。

ここで提起された「どのような監査が」と「どのような社会的関係を前提になされたか」という2つの問題は、監査を理解するうえで、また監査を言葉（word）ではなく、また用語（term）としてではなく、概念（concept）として理解するうえで、極めて重要である。監査は、19世紀中頃から、職業会計士の業務として発展してきた。職業会計士を取り囲んでいた当時の環境が「監査」という行為をイメージさせ、そして彼らの試行錯誤を通じて、監査が次第に「言葉」から「用語」にそのバージョンを上げてきた。監査という言語表現の意味そして

その使い方を巡るこうした展開は、外部監査の典型的な例である財務諸表監査だけではない。監査役監査や内部監査においても同様であった。

まずは、監査を捉える基本軸を定める必要がある。本書は、その基本軸を、「受託責任」においている。どのように社会が変容を遂げようとも、いかなる技術革新がわれわれの経済社会を変革させようとも、「分業」または「役割分担」という社会的関係が続く限り、受託責任は必ず生き残る人間社会を支える本質の1つである、と考える。

われわれは、会計史（監査史）の専門家ではない。本来、歴史研究は一次資料の入手という、途轍もなく時間のかかる根気の必要な作業を経て行われるべきである。しかしながら、読者諸氏も頷いていただけるであろうが、監査の内実を示す監査の記録書はもとより、近世前の時代になると、監査報告書さえも、ほとんど現存していないのである。監査報告書に何が書かれていたかに当然関心が注がれることになるが、もしかするとそれ以上に重要なのは、監査人、監査を受ける人、そして監査結果を受け取る人の識別とその身分である。しかし、これらの特定化も現実問題としてはなかなか容易ではない。

われわれの説明は、監査に関する史実を限られた資料を基に明らかにした欧米の研究書（その意味では、一次資料ではない）に基づいており、その意味で、歴史の記述としては不十分である。この点を、まず、お断りしなければならない。本文中に、「推察」・「推定」という表現があるのは、そのためである。

以下、われわれが取り上げるテーマの時代順に、実際に行われていた監査の概要や展開をにらみながら、とりわけ受託責任を基礎に置いた監査の捉え方と、この捉え方に付随して生じた監査用語に関する疑問を提起することにする。

§1　監査の歴史を中世ヨーロッパに尋ねる

会計と監査の歴史を史料に基づいて明らかにした比較的信頼性の高い文献として、Brown（1905）がある。この文献に収録されている論考（Boyd. 1905）では、中世の監査史に関する考察が実際の監査報告を紹介する形でなされている。荘園経営における監査（manor audit）、英国王室財政（Exchequer）における監査、中世ギルド（merchant guild）における監査など、かなりの詳細さで、当時の監査が取り上げられている。いずれの監査も今日にいう会計監査にほぼ相当し、「会計帳簿の監査」という外郭は整えているものの、そこでの監査の狙いは受託者の受託責任の遂行にかかる誤謬と不正の摘発にあった。監査人が会計帳簿に署名することを拒否した納得できない／受け入れられない項目も上記の論考では紹介されている。

中世においてみられる監査（会計監査）は、中世の経済社会の構造と無関係ではない。中世の経済社会の構造がもつ特徴の1つは、ある共同体がその構成員によって秩序正しく、そして閉鎖的に運営されていた、という点である。かかる共同体は農村では荘園（manor）であり、都市においてはギルドであった。以下、荘園とギルドにおける会計監査を概説的に取り上げることにする。

荘園経営と会計監査

中世社会において、聖職者や修道士は教会に、領主は大君主に、そして村人は領主と土地（荘園）に縛られていた。荘園は、生産のために土地と農民とが有機的に結びつけられた経済的単位であった。大君主は荘園の一部を領主に分け与える一方、自己に対する忠誠を求めた。領主は大君主より荘園経営を任されていた。領主の権限は絶大で、荘園を自由に経営できる権利、荘園から得る収入を得る権利、税の徴収、訴訟の決定、兵の招集を行う権利を有し、そしてその見返りに、領主は大君主に対して忠誠を誓い、そして財貨や役務（兵役を含む）を提供する義務を負っていた。それゆえ、領主の所有する荘園の数が多ければ多いほど、領主は政治的にも経済的にも強大となった。

荘園に居住する農民（農奴：villain）は、土地を基盤に生計を維持するために働く生産者であった。農奴は、厳密な意味では財産を所有することはできず、領主の所有物であったが、実際には、農機具、家具、家畜、貨幣の私有や各種の権限もある程度認められ、それにより創意工夫による自由な農業経営を行うことができた。半面、賦役、物納（貢納）、貨幣による税金、小作料や通行料そして罰金の支払など、領主に対する義務も多方面に及んでいた。

物納や税金を含む各種収入は領主にとって重要な財源であった。

かくして、領主は自己の経済的基盤を強固にするために、かつ、大君主への荘園経営に対する責任を全うするため、荘園におけるさまざまな活動を直接、管理・監視する官吏を任命した。荘園は、基本的に、3種類の官吏、

領主代理（steward/ seneschal）[1]

荘宰（bailiff）

荘役（reeve）

によって経営・管理されていたが、このなかで荘園経営に関して特に重要な役割を果たしていたのが荘宰と荘役であった。

荘園経営にかかる委託受託関係を構成する主体については、委託者が領主であり、受託者は荘宰と荘役であった、と考えられる[2]。

1　領主代理の役割は、今日でいう「監督」と推察される。領主代理は、各荘園の経営に従事する荘宰が抱える諸問題について指導を与えたり、荘園に赴き、耕作の状況、栽培されている作物の種類、飼育されている家畜や飼育方法の改善、荘宰の荘園経営、作物の収穫見込みなどの調査をしていた。荘宰の解任権限はなかったが、荘宰の経営能力の欠如や権利侵害や義務違反があった場合には、領主に報告することができた。荘園の委託受託関係に直接かかわっていないことから、これ以上の説明は省略する。

2　荘園経営にかかる委託受託関係が、誰と誰との間の委託受託関係であるのかを厳密な意味で特定できるには至っていない。われわれは監査史に関する文献から荘園経営に関係する3種類の官吏の存在を知ったが、当時の監査人が監査した帳簿が具体的に何であったのかを特定できる記述を文献に見出したわけではない。また、荘園制を取り上げた内外の経済史関係の文献は多いが、研究者の切り口はわれわれのそれとは異なるため、委託受託関係からの分析は極めて限られている。そのような制約があるため、荘園における領主と官吏との間の委託受託関係を明確にできず、推測を交えていることに忸怩《じくじ》たる思いがある。

身分は荘宰が上で、荘園経営に対して直接的な責任を負っていた。森林・牧草地の状況の観察、農作業の状況把握、農地の開墾や肥沃さの調査、余剰の農作物の市場での処分、税金の徴収状況の調査を通じて、荘園経営が生産的に運営され、また農作業が全体として適切に行われていることを確かめることであった。荘宰が領主に負っていた受託責任は荘園経営全体に及ぶものであった、と推定される。

荘役の身分は農奴であった。農奴には、領主代理や荘宰と違って、自由人になれる可能性はなかったが、能力的に優れた農奴については、領主が荘役として任命し、あるいは農民のなかから選んでいた。荘役も荘宰と同様に、荘園経営に関して領主に対して受託責任を負っていたが、その内容は、農奴という身分から考えて、農業経営に限定されたものであった、と推定される。

われわれが注目するところは、荘役は、荘宰とともに、帳簿（manor accounts）を作成する責任を負っていたことである。この帳簿は、推定するに、金額表示の会計帳簿に限定されたものではなく、今日の固定資産台帳に相当する"Extenta"と呼ばれる帳簿――領主の所有に属する土地・建物の一切の状況を示す帳簿、荘園内の耕地・家畜・牧草地・木材等が記載された帳簿、小作地の条件や小作農の氏名や諸権利が記載された帳簿――、今日の物品管理台帳に相当する"Inventory"と呼ばれる帳簿――家畜・家具・日常雑貨品等が記載された帳簿――、そして今日の現金出納帳に相当する"Compotus"と呼ばれる帳簿――土地から得られる1年間の収入が記録された領主にとっては最も重要な帳簿――から構成されていた。監査文献によれば、荘役が作成した帳簿について監査が行われていた。監査の対象となった帳簿が上記3種類の帳簿のどれであったかは明らかではないが、帳簿の性格と、農業の経営全般に責任を負うとともに、小作帳に基づいて小作料や通行料の徴収義務を負い、領主の許可を得て金銭の支出を行うことが認められていた荘役が作成した〝Compotus〟であった、と推定される。かくして、監査の狙いは、荘役が領主に対する農業経営にかかる受託責任を誠実に遂行していたかどうかを確かめることにあった、と考えられる（第1図）。

荘役が作成した帳簿の監査は、ミカエル祭――この日が当時の決算日であったと推定される――に行われていた。荘役は、領主代理と荘宰の前で、自己の作成した帳簿を口頭で読み上げ、それを監査人が〝聴取する〟（audit）という方式の監査が13世紀中頃まで採用されていた。帳簿を直接検査するという方式になってからは、監査人は、荘役の作成した帳簿とそれと照合すべき荘園帳簿（rolls of the manor ―― もしかすると、これらが〝Extenta〟と〝Inventory〟であったかもしれない――）を持ち込み、両者の間に食い違いがあれば監査人が帳簿を訂正した。ここで注目すべきことは、監査の結果、領主に帰属すべき金銭の存在が明らかになった場合には、その支払いがなされるまで、当該責任者（荘役）を晒し台に処したり、投獄する権限が監査人に与えられていたことである。つまり、この当時の監査には、帳簿の検査のほかに、今日にいう監督につながる権限が付与されていた、換言すれば、監査と

第１図　荘園制のもとでの会計監査の構造

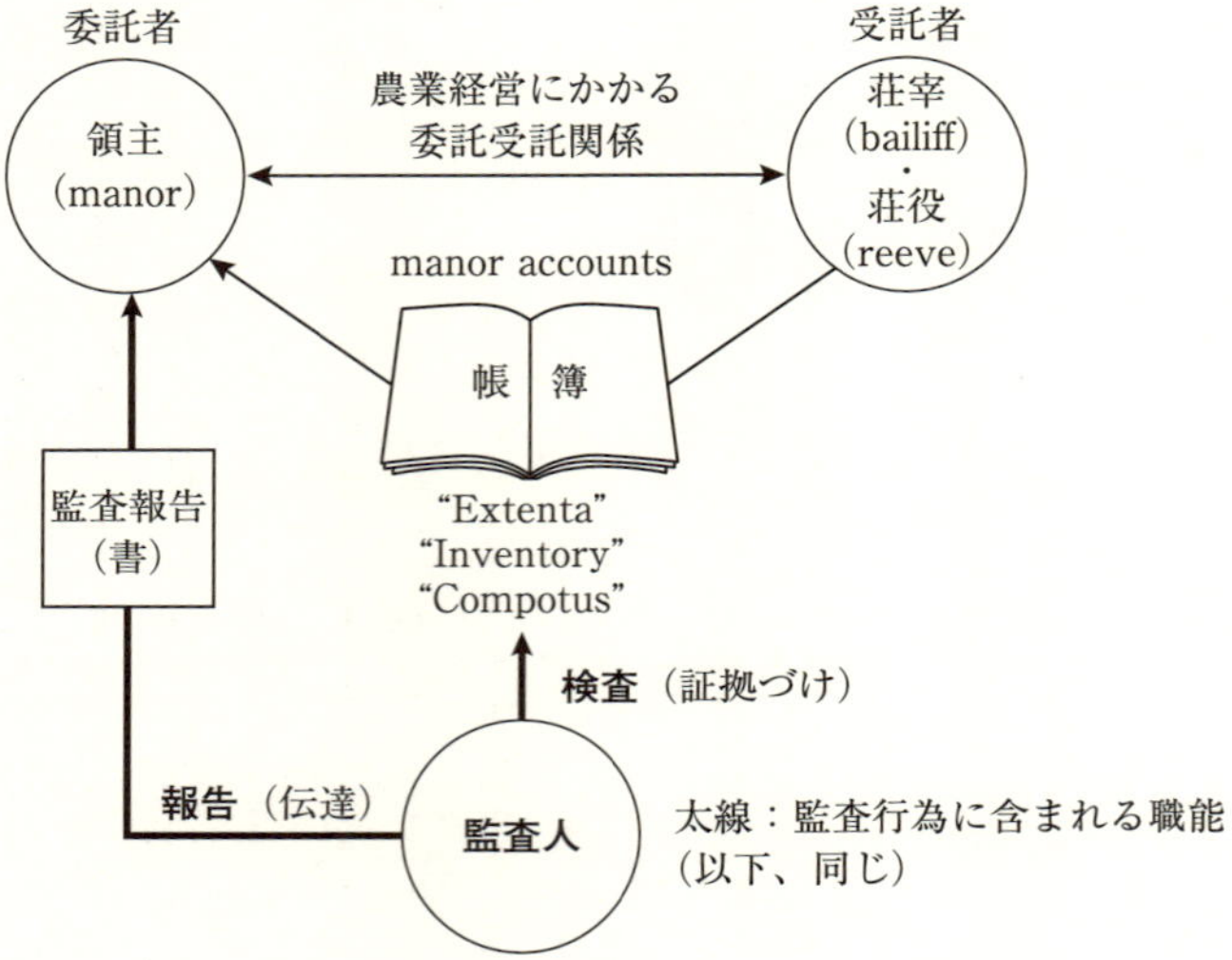

監督が未分離であった。

ギルドと会計監査

集団の力で集団の構成員の利益を擁護し共存共栄を図るという中世的傾向は、都市部におけるギルドにおいてもみられた。イギリスには、アングロ・サクソンの時代から、相互扶助・友愛を基盤とし、かつ特定の目的をもった人間の結合体——これをギルドという——が存在していた。ここで取り上げるギルドは、商工業者の独占的な経済的利益を守ることを目的にした産業ギルドである。産業ギルドは、対内的には、ギルドを構成するギルド員に対する統制とギルド員の相互扶助を図り、対外的には、生産や販売の独占を通じてギルド員だけの利益を追求する、という排他的で閉鎖的な集団であった。

ギルドは、社会学にいう「アソシエーション」(association)という形態をとっていた。アソシエーションとは、外部に対してのみ権利・義務の主体となる集団のことである。すなわち、集団に付された名において財産を有し契約をなすが、その財産や契約は実は当該集団に所属するギルド員のものにすぎない。ギルド員は、自己のものとして所属ギルドの財産を利用し、自己のものとしてギルドの債務に対して一定の責任を負う。つまり、ギルドの財産は、アソシエーションとしてのギルドとその構成員であるギルド員による共同所有の形態をとっていた。

ギルドが結成されると、ギルド員全員による総会が開催され、そこで理事(master, alderman, wardens)の選出、新ギルド員の承認、規則の制定、規則違反者の処罰、予算等の決定が行われる。理事は、ギルドの執行役員として最も重要な地位を占め、その権限は、ギルドへの加入金の徴収、罰金・寄付金の徴収、ギルド財産の調査、ギルド員間の秩序維持や紛争の調停、ギルド規則違反の監視など、ギルドの業務全般に及ぶものであった。史実は、14世紀中頃には、ロンドン市の食料雑貨商組合(the Worshipful Company of Grocers of the City of London)、16世紀中頃にはロンドンハンダ付け師組合(the Worshipful Company of Pewterers of the City of London)、そして17世紀後半には大工組合(the Worshipful Company

第２図　ギルドのもとでの会計監査の構造

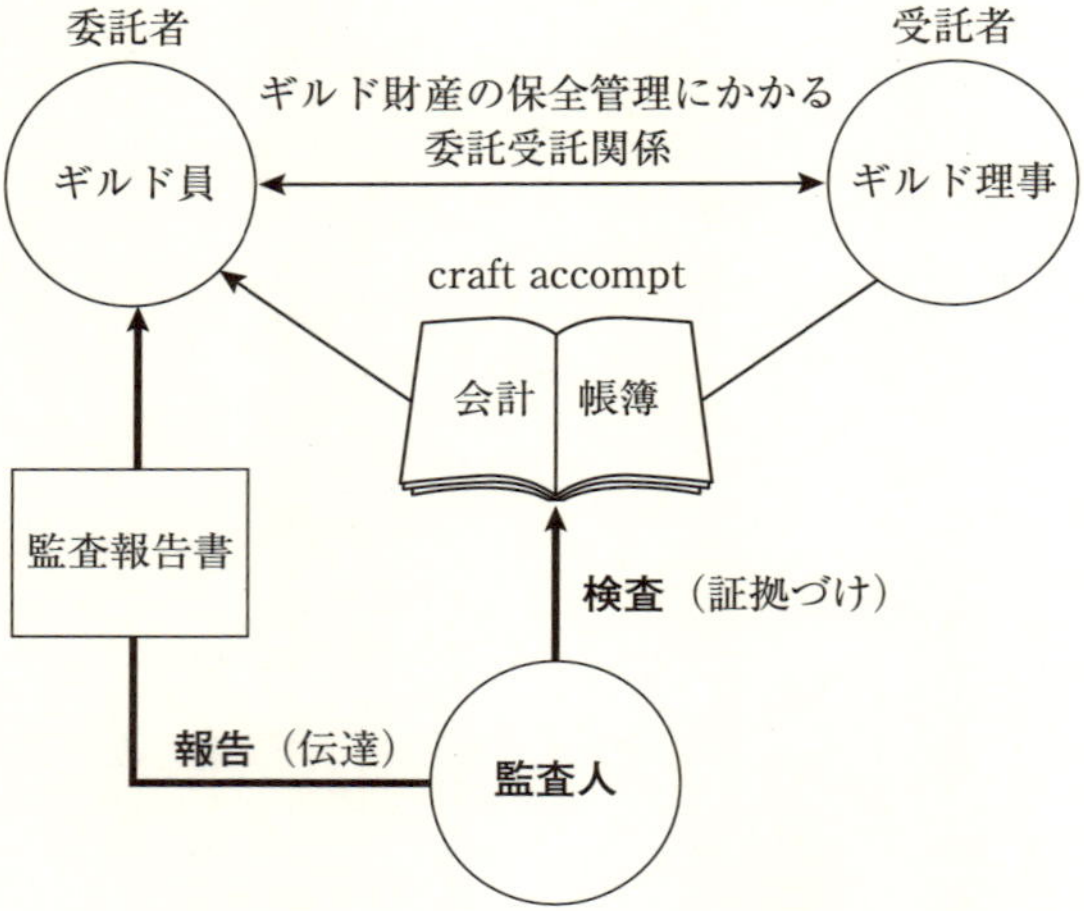

of Carpenters）において、会計監査が行われていたことを示している。

歴史的事実として明らかなギルド監査は、ギルド員とギルドの業務の執行にあたる理事との間のギルド組織の運営とギルド財産の保全管理にかかる委託受託関係を背景に、ギルド員から選出された監査人によって実施されていた。ギルドの理事は、金銭の収入・支出を伴う取引を記録するための会計帳簿（クラフト勘定：craft accompt）を作成し、総会に提出するとともに、監査人の監査を受けなければならなかった（第２図）。荘園監査の場合と同様、監査が受託者に対する監視の手段として導入されていたのである。資料１の記述は、ロンドンハンダ付け師組合が監

資料1

Also it is agreed that there shalbe foure Awdytours Chosen euery yeare to awdit the Craftę accomptę and they to parvse it and search it that it be parfect. And also to accompt it Correct it and allowe it So that they make an ende of the awdet therof between Mighelmas and Christmas yearely and if defaute be made of ffenishinge thereof before Christmas yearely euery one of the saide Awdytours shall paye to the Craftę boxe vj s. viij d. a pece.

（Boyd 1905 p.79）。

資料2

Itm spent at the Ale howse by the Hall Amonge the wardens & dyuers of the company ye xxvij daye July . iij d.

（Boyd 1905 p.79）。

査に関する規則を定め、クラフト勘定が同組合の会員の代表者たる監査人によって監査されることを規定している。

理事の任期は1年であったため、任期満了時点で、理事が在任中に承認を受けていない不当な支出をしていなかったかどうかを検査することが特に重要であった。たとえば、1547～1548年の監査報告書では、監査人が否認した項目の1つとして、理事による飲食のための支出が指摘されている（資料2）。

また、次の監査報告書（資料3・資料4）は、理事が特定のギルド規約に違反したとのことで、監査人が同理事に対して罰金を科したことを示している。

注目すべきところは、会計帳簿の監査という外郭を保ちながらも、当時の監査がギルド理事による不正支出やギルド規約違反の検出を目的

資料3

Itm we (the auditors) fynd the mr and wardens mr nogaye master mr Chawner & mr wood for brech of cartayne ordynaunces in ther tyme the matter being put vnto vs to determyne we order that ech one of them shall paye or geue vnto the house xx s. a pece that is to saye thre poundes or the valew of thre poundes in any thyng as they shall thynke betwyxt thys and the fest St. John baptyst next comyng or els iij li of money.

(Boyd 1905 p.81)。

資料4

The accounts of 1560 do not meet with the auditors' approval, the Wardens having charged themselves with an insufficient amount. It is recorded—

Md that this accompt was awdyt the xxij daye of Decembr in Anno Dñi 1560 and in the therd yere of the Raigne of or Soveraigne lady Quene Elyzabethe, by us Willm Baker, Willm Mills, Nicholas Turn And Richard Scot. So that we fynde by the neclygence of mr Hustwayte, Nicholas Crostwayte and John Gery warden theise pcells following.

In prmis the whole Receipts to lytle cast by . . . xij d.
Itm where it is acustome that every weding that is kept in the hall ought to paye iij s. iiij d. we fynd to lytle by . xvj d.

(Boyd 1905 p.80)。

にしていた行為の監査であったこと、さらに、監査人が承認しない不当事項を監査報告書に指摘するだけではなく、当事者に対して罰金を科すなどの監督ともいえる権限が監査人に付与されていたことである。つまり、監査と監督が未分離であったことを示している。

§2　監査の歴史をわが国明治期に尋ねる

監査という用語が、わが国の歴史において登場した時期を特定することは無理であろうが、人の行為を他の人がチェックするという広い意味での行為が登場したのは、中瀬（1990年）によれば、西暦460年頃、雄略天皇の治世時代に遡るらしい。また徳川幕府の統治機構（今日にいうガバナンス）に関連して登場した「勘定吟味」という言葉は、明治期に入ってわが国に普及した「会計監査」にほぼ相当するものであろう。

明治政府が経済社会のインフラを整備する方策の一環として、会社（株式会社）に関する外国（イギリス、フランス、ドイツ、アメリカ等）の法制度に関心を寄せたことは確かであるが、いずれの国の法制度を参考にしたかによって、その後のわが国における会社法制の在り方や関連用語の選択・決定に影響や混乱をもたらしたことは十分に推察可能である。たとえば、検査と監査なる用語がわが国の商法上使い分けられるようになる前、“audit”という用語について、大蔵省（明治10年　275頁）はイギリス会社法（1862年法）の翻訳作業において「検査《アーヂット》」と「検査役《アーヂトル》」という訳語を与えていた。しかし、わが国の商法典の発展に大きな影響を与えたロエスレル草案が起草・編纂されたとき（明治14年4月起稿、17年1月脱稿）、少なくともそれを改変した明治23年旧商法の制定時には、すでに「監査」という用語は誕生していたように思われる★2。銚子濵船會社（明治14年5月創立に着手、翌15年1月開業）と上田銀行（明治14年5月設立）を歴史的証拠としてみてみよう。

①銚子濵船會社における監査

銚子濵船會社の定めた『改定銚子濵船會社規則』（明治19年3月：以下、「會社規則」という。）は、同社の統治機構として、

社長（1名）
理事（1名）
取締（2名）
検査掛（2名）
出納方（1名）

を定めていた。以上がおそらくは当時の同社の会社統治機構を構成した「会社の役員」であろう。社長、理事そして出納方は執行側の役員、取締と検査掛は非執行側の役員として設置され、後者が前者を監視するという関係であったように推察される（第3図）。

★2　監査役の職分について

カール・フリードリッヒ・ヘルマン・ロエスレル（Carl Friedrich Hermann Roesler）が起草した商法典草案（ロエスレル草案）を基にして、明治 20 年に設置された法律取調委員會での審議および元老院での修正・明治 22 年の元老院総会での可決を経て、明治 23 年 4 月 26 日に公布された、いわゆる旧商法の第 192 條に規定された「監査役ノ職分」にかかる条文は、以下のとおりである。

○明治 23 年旧商法（明治 23 年法律第 32 號）

「第 192 條　監査役ノ職分ハ左ノ如シ

第一　取締役ノ業務施行カ法律、命令、定款及ヒ總會ノ決議ニ適合スルヤ否ヤヲ監視シ且總テ其業務施行上ノ過愆及ヒ不整ヲ検出スルコト

第二　計算書、財産目録、貸借對照表、事業報告書、利息又ハ配當金ノ分配案ヲ検査シ此事ニ關シ株主總會ニ報告ヲ爲スコト

第三　會社ノ爲メニ必要又ハ有益ト認ムルトキハ總會ヲ招集スルコト」

なお、明治 23 年旧商法会社篇は、上記の「シ且總テ其業務施行上ノ過愆及ヒ不整ヲ検出」の箇所を削除のうえ、明治 26 年 7 月 1 日から施行された。

第3図　銚子瀛船會社のガバナンス構造

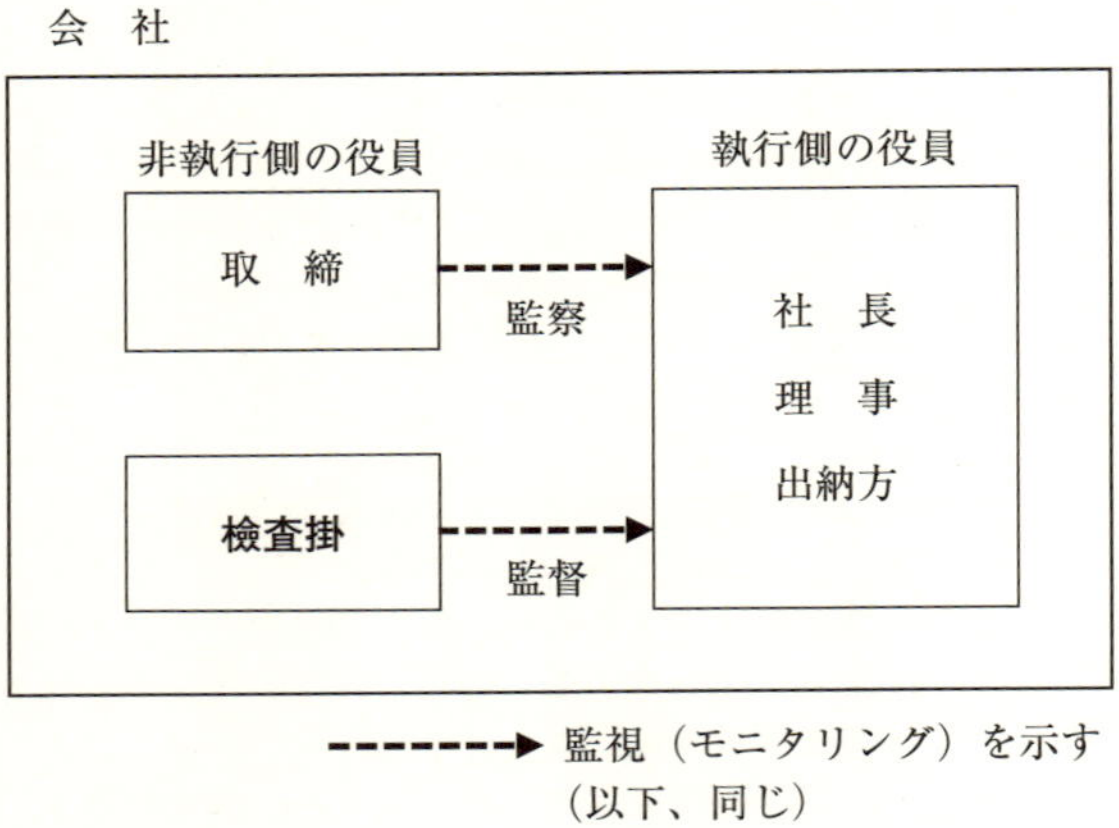

執行の長である社長については、「社長ハ本社ノ全體ヲ総轄シ細大ノ事務ヲ整理シ且毎期ノ収支決算ヲ報告スルト同時ニ半ケ年又ハ一ケ年間収支ノ豫算ヲ立テ之ヲ常會員ニ報道シ將來ノ得失ヲ豫期スルノ責任アリ」（第25條）とされ、決算報告だけでなく、予算編成や将来得失の予測についての報告まで求められているところに驚かされる。

會社規則は、社長が執行すべき職務（特に「社長専決施行スヘキモノ」）について、「社長ハ本社一切ノ事務ヲ総轄スト雖モ其施行ノ権限ニ至リテハ**株主総集會ニ付スヘキ者ト常會員ノ會議ニ付スヘキ者ト専決施行スヘキ者**ト別ナカルヘカラス因テ之ヲ別テ左ノ三款トス」（強調追加）と定め、「専決施行スヘキ者」の業務として、全体で11の業務を列挙している。そのなかに、

・役員の「能否」・「勤惰」を**監査し**、書記以下の従業員の雇用・給与管理

・瀛船運行規則の設定・改廃、船長以下乗組員の「勤惰」を**監査し**、雇用・給与管理がある。監査という用語が使われているが、その使われ方からして、今日の内部監査に相当しているように推察されるが、その主体は必ずしも明らかではない。検査掛のようにもみえるが、以下の検査掛に関する「會社規則」では違うようにも思われる。後述する。

社長に次ぐ執行側の役員は理事である。「理事ハ社長ヲ補翼シ社長不在ノ時ハ代理スルノ権ヲ有ス故ニ責任社長ニ亜ク」（第26條）という規定からすれば、今日にいう代表取締役副社長と考えればよいかもしれない。さらに、第3番目の執行側の役員として、出納方が設置されている。現在のわが国の株式会社のコーポレート・ガバナンスでは、財務担当取締役に相当するものと思われるが、これが独立の名称の地位として明示されている。

銚子瀛船會社における非執行側の役員は取締である。「取締ハ本社役員ノ勤惰ヲ監察シ又ハ不正ノ廉アリト認ムルトキハ検査掛ノ同意ヲ得テ常會員ヲ招集シ會議ヲ開ク事ヲ得ル」（第29條）とあるように、社長・理事・出納方を中核とする執行系列の役員の職務執行を監督するという役割を負っており、不正の疑いのある場合には、状況を検査掛と相談し同意を得て、「常會員の會」を開催できる権限が与えられていた。会社の監督側の役員として取締が位置づけられていることがわかる。

もう1つの非執行系列として位置づけられるのではないかと推察される会社の役員が検査掛である。「検査掛ハ本社會計上一切ノ事ヲ**監督シ**臨時帳簿ヲ**検閲シ**特ニ精算ノ期ニ際シテハ悉ク諸帳簿ヲ**審査シ**確實ナルヲ認メ之レニ檢印シ又ハ株券裏書ヲ乞フ者アルトキハ成規ノ手續ヲナスヘシ」と規定されている。決算書や会計帳簿を検査し、その「確實ナルヲ」（正確性）を「檢印」によって保証するだけでなく、「會計上一切ノ事」について「監督」するという強力な権限が与えられている。「検査」という言葉が意味するところのなかに、「監督」・「検閲」・「審査」という他人の行為をチェックする意味の言葉が複数使用されている。検査掛の職務は、基本的には、会計に関する業務の執行――「會計上一切ノ事」――に関係しているので、おそらくは職務が会計監査に限定された監査役と理解するのが至当であろう★3。

検査と監査という用語をどのように使い分けていたかは明らかではないが、同社の当時の實際報告や上述の「會社規則」に基づいて推察するに、検査は「社長と理事の職務」に、監査は「会社の業務」に関係づけられていたのではないか――前者が今日にいう監査役監査、後者が内部監査――と思われる。監査と検査という日本語として区別し難い、厳密に考えると似て非なる用語である可能性のある言葉が、ロエスレル草案を改変した明治20年12月24日の時点で、あるいは遅く見積もっても明治23（1890）年旧商法制定時にはすでに誕生していた、といえそうである。

もっとも、検査役と監査役、したがって検査と監査の内容をどのように区別していたかは判然としない。どうも、検査や監査という言葉に対する個人の受け止め方が影響していたようにも思われる。明治14年に着手し明治17年にかけて起稿・編纂されたロエスレル草案のう

★3　創立初年度における銚子瀛船會社の統治機構とその後の展開

銚子瀛船會社は明治14年5月に創立に着手したが、その後直ちに作成されたと推察される申合規則（明治14年9月）が定めた同社の統治機構においては、「取締」は設置されていないなど、本文において紹介した統治機構と若干異なるものであった。なお、以下に紹介する同申合規則の出典は二次資料（新字体で記載）である。

申合規則（明治14年9月）は、同社の統治機構として、社長（1名）、副社長（1名）、検査掛（3名）、出納方（1名）を定め（第19条）、執行側の役員である「社長」、「副社長」そして「出納方」、非執行側の役員である「検査掛」については、それぞれ以下のように規定していた（565～568頁）。

・「社長ハ本社ノ全体ヲ総轄シ細大ノ事務ヲ整理シ、且事業旺盛ナラシムルノ責任アリ」（第23条）
・「副社長ハ社長ヲ補翼シ、社長不在ノ時ハ代理スルノ権ヲ有ス、故ニ責任社長ニ亜ク」（第24条）
・「出納方ハ本社一切ノ出納ヲ負担ス、故ニ本社役員ハ現金ヲ扱ハス、総テ出納方ノ切符ヲ以テ扱フモノトス」（第26条）
・「検査掛ハ本社一切ノ事務ヲ監督シ臨時諸帳簿ヲ検査スルハ勿論、純益金割渡ニ際シテハ悉ク諸帳簿ヲ調査シ確実ナルヲ認メ之レニ検印シ、……」（第27条）
・「検査掛ハ本社役員ノ勤惰ヲ視察シ、又ハ不正ノ廉アリト認ルトキハ検査掛ノ見込ヲ以テ常会員ヲ招集シ会議ヲ開ク事ヲ得」（第28条）

「社長専決施行スヘキモノ」（第29条第3款）については、

・「役員ノ能否勤惰ヲ監査シ、……」
・「船中ノ規則ヲ起廃シ、船長以下水火夫ノ勤惰ヲ監査シ……」

と規定されていた。

また、第1回第1期第2期実際報告〔明治15年の報告〕（明治16年2月）においては、「社長」、「副社長」、「出納方」、「検査掛」の順に氏名が記載され、「業務報告」とともに、「総勘定表」・「損益比較表」

による実際報告がなされている（570 ～ 579 頁）。さらに、「会社申合規則」改定後の第 19 期報告〔明治 24 年上半期〕（明治 24 年 7 月）は、「社長」、「理事」（1 名）、「取締」（2 名）、「検査掛」（2 名）、「出納方」（1 名）の言明として「右実際報告候也」で締めくくられている（579 ～ 585 頁）。「検査掛」が設置されてはいたものの、「監査報告」に相当する部分は上記言明のなかに埋没し、未分化であることがわかる。なお、明治 26 年改正旧商法の施行に伴い、銚子瀛船株式會社となった同社において 2 名の監査役が選出されているが、第 1 回（明治 27 年 2 月）～第 4 回（明治 28 年 8 月）實際報告から、両名とも銚子瀛船會社において検査掛であったことが確認できる。

ち商法総則・会社法にかかる条文全３１８箇条を参事院商法編纂委員がわずか全１６０箇条に改削した商法案（明治15年）やロエスレル草案の会社法部分を単行法として制定しようと試みた會社條例編纂委員會（明治17年~明治19年）による商社法（明治19年5月）においては、検査役は会社の機関として明確に規定されていたが、同じくロエスレル草案をベースにした商法草案にかかる第11回法律取調委員會（明治20年12月24日）において、本尾敬三郎委員より、『「検査役」ハ「監査役」ト御直シ願イマス、原文ニモ検査ノ字ハ御座イマセン』との発言があり、『第五款「検査役」ヲ「監査役」ト改ム』（法律取調委員會「商法草案議事速記第11回」１６７~１６８頁）ことが決まったとある★4。

なお、明治期における監査役の監査報告の文言はさまざまであるが、たとえば銚子瀛船株式會社[3]の第１回實際報告（明治27年2月）、第２回（明治27年8月）、第３回（明治28年2月）、そして第４回實際報告（明治

28年8月25日）によると、「業務報告、損益勘定、貸借対照表、財産目録」がいずれも監査役2名によって監査され、その結果についてはすべて「前書ノ事項ヲ審査スルニ總テ相違無之候也」との表現がなされている。これが当時の監査役の監査意見である★5。第4図は銚子瀛船株式會社における監査役監査の構造を示したものである。

②上田銀行における監査

殖産興行のための施策の一環として、明治政府は経済のインフラともいえる銀行を全国各地に設立した。その最初の銀行が第一國立銀行（明治6年7月20日設立）である。アメリカの国法銀行（ナショナル・バンク）に範を求めて明治5（1872）年11月15日に太政官布告第349号をもって成立した國立銀行條例およびその施行規則とでもいうべき細目を定めた國立銀行成規・申合規則では、取締役のなかから検査掛を選ぶというアメリカ流の会社機構が採用されていた。國立銀行條例に基づき設立された第一國立銀行における検査掛も取締役のなかから選出されていた。すなわち、第一國立銀行においては、9名の取締役が選出されていたが、その取締役のなかに検査掛を務める人物

3　ここにいう銚子瀛船株式會社と既出の銚子瀛船會社とは同一の会社である（銚子瀛船株式會社『第壹回實際報告』明治26年後期［自7月至12月］）。銚子瀛船會社となっていたのは、商法が制定される前に設立された会社であったためである。「株式會社」という用語は、明治23年旧商法によってはじめて使用されたものであり、したがって旧商法制定以前には、基本的に「株式會社」を社名に付けた会社は存在しない。

★4　検査役（監督）と監査役（監査）について

参事院商法編纂委員がロエスレル草案を改削して明治15年9月に上申したもの（高田2016年　280頁）とされる商法案と商社法と商法草案とを比較すると、検査役の職務から監査役の職務へと、名称の変更だけではなく、監督が分離され監査が純化しつつあることがわかる。詳細になるが、本書が主張する重要な部分にも関係しているので、資料として紹介しておきたい（強調追加）。

○参事院商法編纂委員　商法案「第四節　取締役及ヒ**検査役**」(7頁)
「第102條　**検査役**ハ左ノ件々ヲ擔當ス可シ
一　會社ノ業務ヲ**監督**スル事
二　精算帳出納比較表及ヒ損益配當按ヲ検査シ其意見ヲ株主總會ニ報告スル事
三　會社ノ利害ニ關シ必要ト認ル時ハ臨時ニ株主總會ヲ開ク事」(8頁)

○會社條例編纂委員會　商社法（第三讀會・第5回、21頁）
「第131條　**検査役**ハ左ノ事項ヲ擔當ス可シ
一　取締役ノ業務取扱　法律、定款及總會ノ決議ニ適合スルヤヲ監視シ且總テ其取扱上ノ過誤不整ヲ**検査**スル事
二　計算書、財産目録、貸借對照表、事業報告書、利息、分配金配當案ヲ検査シ其意見ヲ株主總會ニ報告スル事
三　會社ノ利害ニ關シ必要ト認ムルトキハ總會ヲ招集スル事」

○法律取調委員會　商法草案「第五款　取締役及ヒ**監査役**」(16頁)
「第192條　**監査役**ノ職分ハ左ノ如シ
第一　取締役ノ業務施行カ法律、命令、定款及ヒ總會ノ決議ニ適合スルヤヲ監視シ且總テ其業務施行上ノ過愆及ヒ不整ヲ**検出**スル事
第二　計算書、財産目録、貸借對照表、事業報告書、利息又ハ配當金ノ分配案ヲ調査シ此事ニ關シ株主總會ニ報告ヲ爲ス事

第三　會社ノ爲メニ必要又ハ有益ト認ムル時ハ總會ヲ招集スル事」（16 ～ 17 頁）

なお、上記の商社法における検査役という名称に関して、下記のような事実を確認することができる。

ロエスレル草案（ドイツ語原文の司法省訳）において「取締役」と訳出されていた用語に関して、明治 17 年 12 月 16 日に開催された會社條例編纂委員會第 39 回第一讀會におけるロエスレル草案第 230 條にかかる審議の冒頭、本尾委員より『取締役トアルハ總テ檢査役ト改ムベシ』との発言があり、「檢査役」と修正された（會社條例編纂委員會 205 頁）。

★5　明治期にみられた監査報告の文言

銚子瀛船株式會社の監査報告「前書ノ事項ヲ**審査**スルニ總テ**相違無之候也**」（強調追加）やこの次に紹介する上田銀行の監査報告「前記之各項**調査**候處**相違無之候也**」（強調追加）、帝國海上保險株式會社の第 1 回營業報告書（明治 26 年 11 月 5 日～明治 27 年 6 月 30 日）に掲載されている監査報告において使われている「事業報告、財産目録、貸借対照表、損益勘定、利益金分配案」に対する「右**監査**候處**相違無之候也**」（強調追加）は、多くの監査役が監査報告を締めくくる文言として使用した当時の監査報告の「一般型」と評することができる。監査報告の推移について関心ある読者諸氏におかれては、本書巻末の「付録資料」をご覧いただきたい。

このなかにあって、福島紡績株式會社の監査報告（明治 33 年 7 月付）のように、「右監査ノ上確實ナルコトヲ**保證**候也」（強調追加）という文言が使われた監査報告もあった。「監査」という用語のほかに「保證」という用語が使用されている点が興味深いし、監査報告で監査意見を表明することの本質を捉えており、驚くばかりである。以下に、その実例を紹介することにする（資料 5）。

資料5

右之通相違無之候也
明治三十三年七月
福島紡績株式會社
取締役社長　藤本清兵衛（自署）
常務取締役　渾大防芳造（自署）
取締役　川庄到（自署）
取締役　鈴木守藏（自署）

右監查ノ上確實ナルコトヲ保證候也
監查役　阿部市藏（自署）
監查役　志方勢七（自署）

株主各位御中

第４図　銚子瀛船株式會社における監査役監査の構造

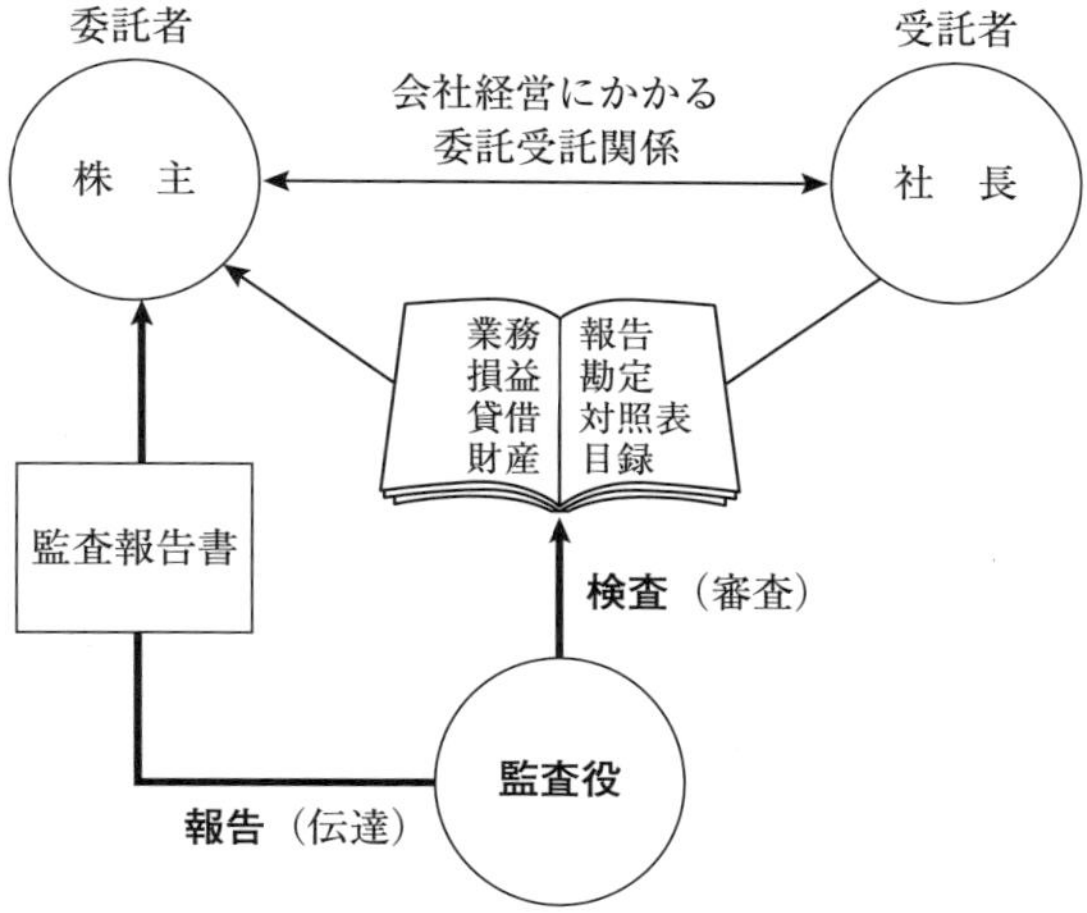

1名（三井組）が選ばれていた（「第一國立銀行株主初集會議決件々（明治6年癸酉6月11日付）」31頁）。また、株主宛の第一國立銀行半季實際考課状（明治7年1月11日付）では、「銀行創立の事」という見出しのもとに、「……新任ノ取締役等ハ頭取副頭取検査爲替掛支配人其他ノ役員ヲ撰任イタシ候」（3頁）との記載がみられるとともに、実際報告（いわゆる財務諸表）の箇所では、「頭取」と併記する形で「取締」という名称のもとに、検査掛を務める人物の氏名が明記されている（9頁）。第5図は、設立当時の第一國立銀行のガバナンス構造を示したものである。

ただ本書で取り上げる上田銀行においては、検査人・検査役は取締役ではなく、取締役とは別個に株主総会において選出されていた（第6図）[4]。明治8年に私立銀行の設立をも認めるという政府の方針が示されて以降★6、さらに明治12年末の国立銀行設立打切りと相まって、私立銀行が相次いで設立されることとなったが、上田銀行はこのような状況下で設立された私立銀行（普通銀行）である。

上田銀行では、第5回半季實際考課状（明治16年下半季：明治16年7月1日～明治16年12月31日）によれば、持株数第7位の株主が検査人として株主総会で選出されていたが、明治19年下半季の第11回半季實際考課状では、同一人物が検査役と名称を代えて株主総会で選出されていた。さらに、明治27年後半季・明治28年前半季の第27回・第28回半季營業報告書によれば、検査役を務めた人物1名が取締役に選出されるとともに、検査役を務めた別の人物1名を含む計3名が監査役として株主総会において選出され、「前記之各項調査候處相違無之候也」なる監査報告を行っていた[5]。

4 「明治生命保険会社定款」（明治14年7月創業時）の第19条には、「株主多数ノ投票ヲ以テ取締ト同時ニ検査掛二名ヲ選挙シテ帳簿ヲ点検シ計算ノ成否ヲ審査スルノ責ニ任セシム可シ」とあり、取締と別個に検査掛を選ぶことを規定した定款もみられる。明治26年の定款では、取締役および監査役に関する規定がみられ、「総会ハ十株以上ヲ所有スル株主中ヨリ三名ヨリ少ナカラス八名ヨリ多カラサル取締役ヲ選挙シ又株主中ヨリ二名以上ノ監査役ヲ選挙ス可シ」（第28条）とある。なお、旧商法以前に検査掛を務めた人物が、旧商法の施行に伴い導入された監査役に就任したという状況は、銚子瀛船株式會社の場合と同様に、明治生命保険会社においても確認された。

第５図　第一國立銀行におけるガバナンス構造

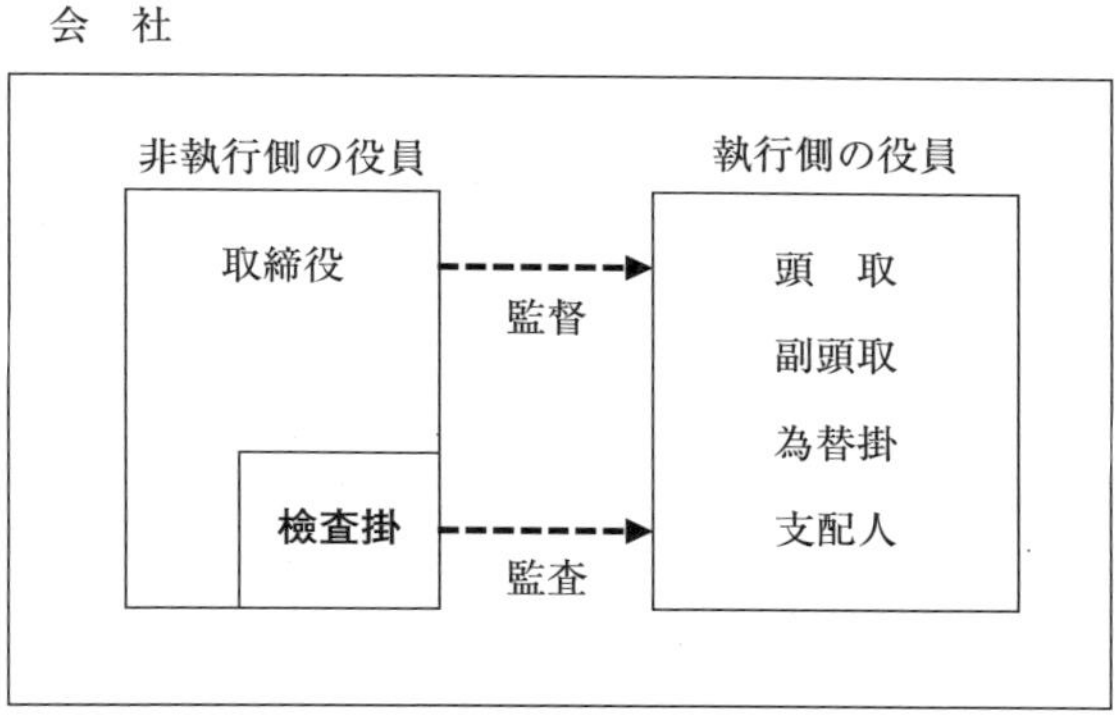

取締役の中から３ヵ月ごとに１人を選挙して検査掛とする
（申合規則第 20 條）

第６図　上田銀行におけるガバナンス構造

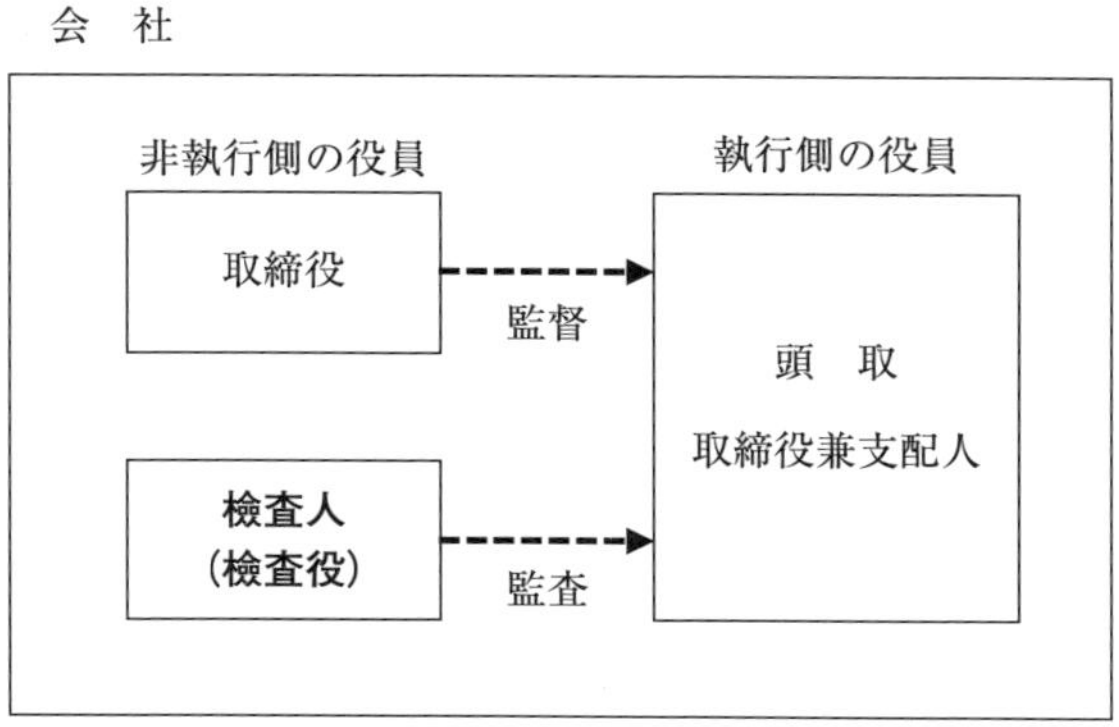

★6　わが国最初の私立銀行として設立された三井銀行の監査について

わが国における最初の私立銀行として設立された三井銀行（明治9年7月開業）の申合規則第二條第一則では、

「此銀行ノ役員ト稱スル者ハ各株主ノ中ヨリ左ノ如ク撰ムヘシ

總長　壹人

副長　貳人

監事　三人

右三役ハ大元締ト稱スヘシ

元　締

副元締

支配役

取　締

副支配役

副取締」

と規定されていた（486 ～ 487 頁：強調追加）。

銀行の役員のうち、總長、副長、そして監事が「大元締」と位置づけられていること、および、監事役の職務について第三條第二則は「監事役ハ毎ニ株主一同ノ代理人タルノ心得ヲ以テ此銀行ノ有金ヲ計算シ勘定ノ差引ヲ改メ諸帳面ノ記載正實ナルヤ否ヲ檢査シ又此銀行ノ營業實況ノ得失ト役員ノ勤惰トヲ檢査スヘシ故ニ上任ノ時ニハ株主一同ヨリ此事ヲ委任スル旨ノ委任状ヲ與フヘシ」と規定している（488 頁）。

第7図は、設立当時の三井銀行のガバナンスの構造を示したものである。

第７図　三井銀行におけるガバナンス構造

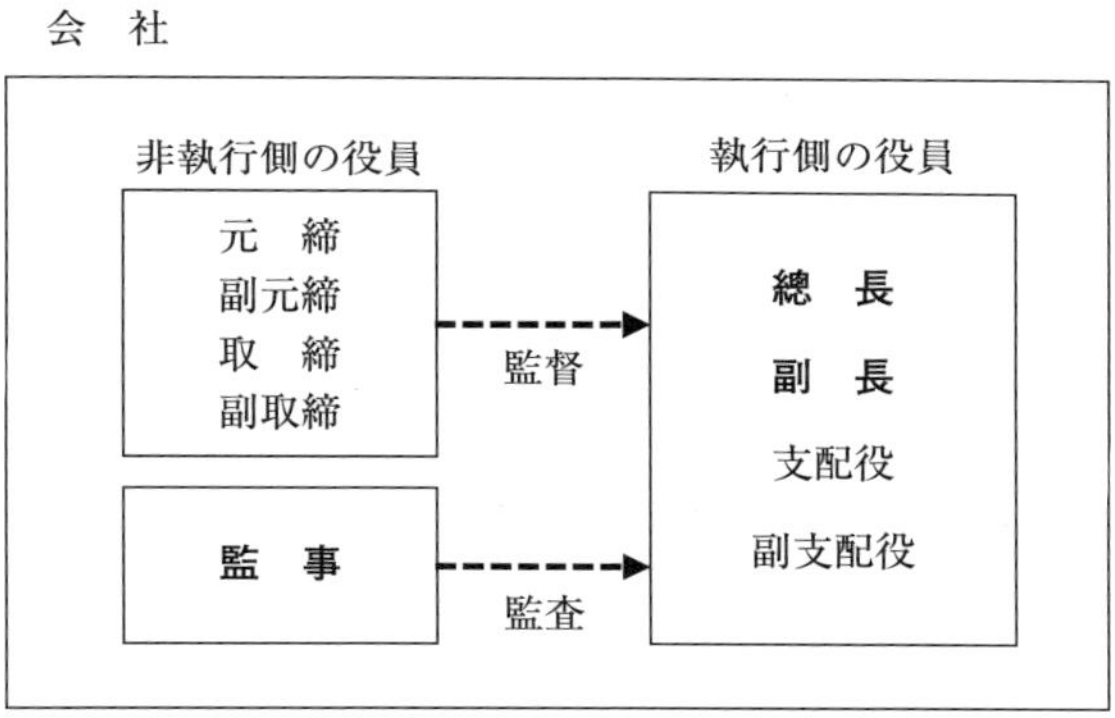

太字は「大元締」とされている。

現在の監査役にあたる「監事」役に対して、總長・副長の人数に比して監事の人数が多いこと、その役割として、①会計の監査、②営業損益の監査に加えて、③役員の行為（「勤惰」）の検査を求めているところが興味深い。監事に関する三井銀行成規第十六條第一節「本店及ヒ各分店出張店諸役員ノ勤惰邪正ヲ監察シ又此銀行ノ營業永續隆盛ヲ得ヘキヤ否ヲ考案シ總長或ハ社中ニ報告ス」の規定（496頁）でわかるように、役員に対する**行為の監査**が重視されていること、さらにその結果について「總長或ハ社中ニ報告ス」とあることから、役員の職務執行が**監査の主題**（詳細は54頁以下参照）として位置づけられているといえよう。まさに、三井銀行が導入した監事役による監査は受託責任監査としての要件を十分に満たしていたと考えることができる。

§3　監査の歴史をアメリカ20世紀前半に尋ねる

監査という言葉が「用語」の域にとどまり、わが国においては、なかなか概念として確立していない。この状況はわが国の場合には深刻であるが、アメリカにおいても、監査に関係する展開が何らの試行錯誤なしになされ、今日に至ったわけではない。監査を巡る試行錯誤の軌跡を、アメリカの監査実務に尋ねてみよう。

今日に至っては疑問さえも起こらないと思うが、現在監査プロフェッショナル——監査に従事している職業会計士——の実務で一般化している"Auditors' Report"（監査報告書）なる表現については、たとえばアメリカにおいては1930年代頃までは、"Auditors' Certificate" "Certificate of Auditors" "Accountants' Certificates"（監査証明書）、"Auditors' Certificate and Report"（監査証明・報告書）、そして"Auditors'

5　なお、検査人（検査役）が選出されていた時代の半季實際考課状では、「當銀行ニ於テ實際取扱ヒタル**所務ノ顚末及諸勘定**ノ各項ヲ精査シ之レヲ蒐集シテ以テ株主各位ニ報告スル處ノ件々左ノ如シ」（強調追加）となっており、頭取、取締役、検査人（検査役）の順で連名並記されており、検査人（検査役）による「検査報告」は別記されていなかった。したがって、「當銀行ニ於テ實際取扱ヒタル所務ノ顚末及諸勘定」は、（頭取を含む）取締役だけの言明ではなく検査人（検査役）の言明が含まれていると理解するのが適切であろう。しかし、監査役が登場して以降（旧商法以降）は、上記の部分は「當銀行**營業ノ成績**ヲ蒐集シテ慈ニ報告ス」（強調追加）と変更されるとともに、監査報告が別記されるようになった。この点に着目すると、「當銀行營業ノ成績ヲ蒐集シテ慈ニ報告ス」にある報告は（頭取を含む）取締役だけの言明である、と理解するのが適切であろう。

Report"（監査報告書）など、さまざまな表現が混在していた（Himmelblau. 1927：資料６）。"Auditors"という用語を使うべきなのか、それとも"Accountants"という用語が正しいのか、さらには、"Report"とすべきなのか、それとも"Certificate"とすべきなのか、当時の職業会計士は相当に悩み、また、監査報告実務も混乱していた。"Auditors' Certificate"には、"We hereby certify that in our opinion……"という文言で監査の結論が記載される場合が一般的であったため、「監査意見を証明するとはどういうことか」といった疑問が起こり、さらに特定の事実を証明するかのような表現を使用したことが結果として監査人側の敗訴につながったことも重なり、次第に「監査証明書」なる用語は監査実務から姿を消していった。ただ、"certification"という用語は、現在のアメリカの連邦証券諸法関連規則においては使用されている。すなわち、監査報告書については"certificate"は使用せず、（監査）証明を意味する"certification"は活きている。

同様のことは、わが国においてもみられる。公認会計士法第2条第1項は「公認会計士は、他人の求めに応じ報酬を得て財務書類の監査又は証明をすることを業とする。」と定めるとともに、金融商品取引法第１９３条の2第1項は、財務諸表等については「監査証明を受けなければならない」と規定するなど、現在でも「監査証明」という言葉を引き継いでいる。ただし、財務諸表等の監査証明に関する内閣府令第3条は「財務諸表等の監査証明は、財務諸表等の監査を実施した公認会計士又は監査法人が作成する監査報告書により行うものとする。」と定め、「監査証明書」ではなく「監査報告書」という用語を使用している。なぜ、「証明」という用語が活き続けているのであろうか。

もう1つ、興味ある当時の状況を紹介することにしよう。職業会計士が作成した1930年代までの監査報告書をみると、その冒頭が“We have examined the books……”で始まっているもの（資料6）と、“We have audited the accounts……”で始まっているもの（資料7）との2つがあることに気づく。現在の監査報告実務では、“We have audited”に統一されているが、“Examined”とするか“Audited”とするかは、単なる修辞上の違いなのであろうか。「引き継がれたもの」・「引き継がれなかったもの」の間に、何が働いているのであろうか。本書は、これらの疑問に答えようとするものであるが、結論的にいえば、それは「監査」をどのように考えるか、監査の生成をどのような社会的関係に引きつけて考えるかによって異なっている。

§4 総　括

アメリカにおける1930年代までの監査報告書に多くみられた用語の変化――“Auditors' Certificate”から“Auditors' Report”への変更、“We (have) examined”から“We (have) audited”への変更――は、何を意味しているのであろうか。また、銚子澪船會社

資料6

Accountants' Certificate

We have examined the books of Armour and Company, of Illinois, Armour and Company of Delaware, and their Subsidiaries, except The North American Provision Company, and have been furnished with the report and accounts submitted by the Independent Auditors of that Company. We certify that the accompanying Consolidated Balance Sheet as of December 29, 1923, has been correctly drawn up therefrom and in our opinion fairly sets forth the financial position of the combined Companies at that date.

Price, Waterhouse & Co.

Chicago, Illinois,
March 1, 1924.

(Himmelblau 1927 p.20)

資料7

We have audited the accounts of the H. W. Gossard Co., and the Canadian H. W. Gossard Co., Ltd., Toronto, Canada, and have before us the British H. W. Gossard Co., Ltd., London, submitted by them, all covering the year ending December 31, 1922, and have prepared the above consolidated Balance Sheet which we certify is in accordance therewith and, in our opinion, is drawn up to correctly set forth the financial position of the Company as at December 31, 1922. Inventories of raw material, work in process and finished goods have been valued at cost or market whichever was lower.

Arthur Young & Co.

(Himmelblau 1927 p.20)

の「會社規則」における「検査」・「監督」・「審査」・「検閲」そして「監査」など、人の行為に対するモニタリングの態様を示すさまざまな用語の登場、そして中世荘園や中世都市（ギルド）の監査人にみられる複合的な職能（監査と監督）、これらは、何を意味しているのであろうか。これらの問いを手掛かりとして、われわれは、もう一度、監査の現代的な意味内容を模索する必要があるように思われる。過去から何を引き継ぎ、また、過去から引き継いではならぬものは何なのかを立ち止まって、今一度考える必要があるように思われる。

第2章　監査とはいかなる概念か——現代的な意味

監査とは、いかなる意味内容を有する概念なのであろうか。英米の監査書のみに基づく理解の範囲ではあるが、少なくとも現在において、監査に与えられている意味内容はほとんど確立されているように思われる。一方、わが国の監査社会においてはどうであろうか。公認会計士による監査、監査役による監査、内部監査部門による監査、監査委員による地方自治体監査、財団や公益法人・独立行政法人等における監事監査、会計検査院による監査（検査）など、**監査の主題**を異にする監査がさまざまなところで行われているにもかかわらず、監査を遂行する者（監査人と総称する）が等しく共有できる監査概念がない。

学者肌の監査役諸氏から「監査学を目指してください。」との学問的な激励を受けることがこれまでしばしばであった。職業監査人ではないが、監査に対する監査役諸氏の学術的関心は、公認会計士よりも強いように思われる。公認会計士による監査の場合、「一般に認められた監査基準」（Generally Accepted Auditing Standards）や「一般に公正妥当と認められる監査の基準」といった確立した監査規範がすでに用意されていることが、結果として、監査学といった学問の可能性を模索するという学術的な関心、場合によっては監査そのものに対する素朴な疑問を封じているのかもしれない。公認会計士の場合、専門職業基準そのものが、彼らにとって監査を考える起点であり、また終点とも考えられるからである。また、国際会計士連盟に設置されている国際監査・保証基準審議会（International Auditing and Assurance Standards Board: ＩＡＡＳＢ）が策定したグローバルなレベルの監査基準（「国際監査基準」）をローカルなレベルの監査基準に落とすという作業が、日本語で監査を考えることの意義を弱めているようにさえ思われる。「モニタリング」という用語についても同様である。言語をカタカナにして使用することは、監査の分野においては無理である。なぜであろうか。日本語で監査を考え議論するという方向に回させないと、アルファベットをカタカナ化した、わかったようでわからない日本語がまかりとおることになる。

すでに前章において触れたように、わが国における監査の歴史――監査に相当する行為の歴史――はかなり古い。たとえば、徳川時代に新井白石の建議によって導入（再設置）されたとされる幕府の統治機構の一部を担う「勘定吟味役」の職能は、現在にいう会計監査とほぼ合致するといってよい。しかし、勘定吟味としての監査も、当時使用されていた用語にとどまり、その意味内容が学術的に明らかにされた概念ではない。

極論すると、わが国においては、「**監査とは監督と検査である。**」と「**監査は会計監査と業務監査からなる。**」の2つさえあれば十分であり、学者（とりわけ法律学者）が行う監査に関連する議論においても、十分に事足りるのである。さらに、これらに「事前監査」・「事後監査」そして「適法性監査」・「妥当性監査」、さらには「予防的監査」なる用語が加わると、監査を巡る議論は論者により異なり、そして拡散し、ますます「監査とは何か」を体系的に、学術的に理解することが難しくなる。監査思考が過去に囚われ、また、必ずしも学術上の概念としては精緻ではないが、その使い勝手のよさから、なかなか監査に関する現代的な理解に向かっていかないのである。この状況が顕著にみられる監査領域が会社法監査（商法監査）であり、法律のなかに閉じ込められた監査役監査である。度重なる法改正によって監査役監査が一段と複雑さを増し、また、仮にそうでなくとも、監査役監査をわかりやすく外国に紹介することが難しいのは、監査という用語の意味内容が完全に固定化され、監査に関する学問的議論が行われても、それを受け入れることをしない、監査概念のガラパゴス化が定着しているからである。監査概念の定義が学術的議論のレベルを超え、監査役監査制度自体――延いてはコーポレート・ガバナンスの在り方――に構造的な影響を与えかねない政治的な意味さえも帯びるようになっているからである。

§1　監査概念の現代的な意味

監査概念の定義に大きな貢献をした監査文献は、いまからおよそ45年前にアメリカ会計学会（基礎的監査概念委員会）が公表した研究報告書（Committee on Basic Auditing Concepts. 1973：以下『AAA監査概念報告書』という。）であろう。現在、財務諸表監査であれ、内部監査であれ、監査を学術的に議論するあるいは取り上げる場合には、この委員会が定義した監査概念が前提となっている。この定義は、会計学者の学会が下した監査の定義にすぎないと一蹴するのではなく、この定義が意味するところを深く理解してほしい。目から鱗と気づくはずである。およそ、監査という行為を説明する際に十分に依拠できる、グローバルな意味でも、また監査研究そして監査教育の際にも、言及・利用されている監査の一般的定義である。この定義を直ちに受け入れられる読者、何となく違和感を感ずる読者、あるいは拒否する読者など、この定義に対する読者の受け止め方は異なるかもしれない。それは、監査に対する読者の立ち位置と大きく関係している。まずは、その立ち位置から自分を解き放し、以下の定義を直視していただきたい。訳文ではなく、原文のまま、ここに紹介し、その意味するところを少しずつ解きほぐすことにする。この定義が示唆するところは非常に多い。

Auditing is a systematic process of objectively obtaining and evaluating evidence regarding assertions about economic actions and events to ascertain the degree of correspondence between the assertions and established criteria and communicating the results to interested users.

第1は、**監査とは証拠の入手・評価**（obtaining and evaluating evidence）**とその結果の関**

係者への伝達（communication the results to interested users）**からなる概念である**。「証拠の入手・評価」を調査という用語でくるか、それとも検査という用語でくるかという問題はあるが、重要な点は、監査という概念には伝達という要素が内包されている点である。この点に違和感を感ずる読者はいないであろう。この伝達は、歴史的には、監査人から関係者に口頭でなされた場合もあったが、文書による報告にとって代わられるようになった。あるいは、口頭による説明は、文書による報告を補足するものとして利用されるようになった。口頭による報告は内部監査においては利用されていると思われるが、監査プロフェッショナル（職業会計士）が従事する財務諸表監査や監査役による監査においては、株主総会において株主から説明を求められたといった特別な場合を除いて、口頭による報告（補足説明）はなされない。監査人が関係者に伝える文書を、「監査証明書」と呼ぶか「監査報告書」と呼ぶかという問題はあるが、監査は関係者に対する監査結果の伝達をもって終結する。

第2は、監査は、監査を受ける者のアサーション（主張：assertions）がどの程度確からしいかを、確立された規準（established criteria）に照らし確かめるという行為――これを立証（verification）という――を含んでいることである。少し理屈っぽくなって恐縮であるが、この一文に監査概念を理解するうえで本質的な概念または表現が3つ含まれている。「監査を受ける者のアサーション」、「アサーションの確からしさを確かめる」、「確立された規準」である。監査を理論的に理解するうえで極めて重要な、定義における心臓部である。これらの説明には紙幅を要するので、第3章において、それぞれ個別に取り上げることにする。

第3は、**アサーションが「経済的行為と経済的事象」（economic actions and events）に関係づけられていることである**。監査は、経済的資源（財産）の増減をもたらした人間の行為をチェックする行為である。行為という用語が用いられていることには注意を要する。さらに、事象という用語が使われているのは、経済的資源（財産）の増減は、取引だけに起因するのではなく、たとえば災害といった自然現象によって引き起こされる場合もあるからである。「人」に直接ひきつけた行為と「人」の要素を薄め／取り払った事象という用語が、アサーションに関係づけられていることの意味がとりわけ重要である。この点も後述する。

なお、読者諸氏のなかには、経済的行為だけではなく、典型的には法的行為に関連して、アサーションが識別されるべきではないか、と主張される方もおられるのではないかと思う。そのとおりである。たとえば監査役監査は、取締役の職務執行――優れて法的行為であろう――を対象としているからである。それゆえ、わが国における監査社会全体を鳥瞰した場合には、法的行為についてもアサーションを識別する必要が生ずる場合がある。議論が深くなるので、これ以上の説明は第9章に委ねることとする。

第4は、上記の定義において最も重要なところである。それは、**監査をもって、証拠に基づくアサーションの確からしさの立証とその結果の伝達と捉えていることである**。伝達された結果の如何によっては、監査人が別のしかるべき行動（措置）を採る、という余地は断ち切られている。わかりやすくいえば、監査とは、証拠に基づくアサーションに対する評価とその結果の伝達であり、その評価結果に基づいて何か別の行動を採ることは予定されていないのである。このことは、監査概念の現代的意味や監査の独立性を理解するうえで重要である。つまり、監査は「執行」はもとより「監督」とも切り離して理解されなければならない。そして、これが監査概念についてのグローバルな理解の仕方なのである。わが国のこれまでの監査文化に即していえば、国語辞典の監査の説明である「監督し検査すること」(『広辞苑〔第七版〕』、『広辞林〔第六版〕』、『大辞林〔第三版〕』、『日本国語大辞典 第三巻〔第二版〕』、『角川国語大辞典〔初版〕』)は、国際的には通用しない監査の説明、ということになる。

監査と称されているすべての監査の態様を調査したわけではないが、監督と検査がいまだに同居している監査、これが監査役監査の現実である。法改正をするたびに、監査役監査は、取締役の行為の差止請求権(会社法第385条)や株主総会に提出する会計監査人の選任・解任・不再任議案の決定(会社法第344条・第383条)など「執行」に近い行為にも接近し、とりわけ「監督」ともいえるさまざまな職務を、コーポレート・ガバナンスの強化という錦の御旗のもとで取り込み続けている。

第1章において指摘したように、監査史的には、監査人が「監督」という行為をも併せ遂行していたことは確かである。言い換えれば、監査と監督が未分化状態の時代があったことは事実である。しかし、少なくとも英米諸国においては、監査概念の純化が模索され、職業会計士による財務諸表監査であろうと、企業内で実施されている内部監査であろうと、あるいは、国や地方公共団体で行われている監査であろうと、監査人の役割は「証拠に基づくアサーションの評価とその結果の伝達」にとどまり、「監査」と「執行」・「監督」との間の境界は明確にされている。そうした境界がなぜ必要なのであろうか。それは、まさしく、監査の独立性にかかわっているからである。

冒頭で紹介した監査の定義は、監査の境界がどこにあるのかを明確に示したという意味で、監査実務と学問の世界において、最も尊重されなければならない金言ともいえる。

§2 経済社会・企業組織におけるモニタリング手段としての監査と監督

「モニタリング」（monitoring）という用語がさまざまなところで、さまざまな文脈のもとで使われている。現在の社会情勢がその言葉を必要としているということであろう。「観測・調査・分析すること。監視すること。」（『広辞苑〔第七版〕』）・「〔監視・観察の意〕日常的・継続的な点検のこと。」（『大辞林〔第三版〕』）が一般的な辞書的な説明である。観察・観測の対象が人でない場合には問題は起こらないが、対象が人の場合（とりわけ人の集まりではなく個人の場合）には、モニタリング（監視）といっても、その意味するところは同じではない。

たとえば、大学における授業もモニタリングを伴っている。出席をとること、宿題を求めること、あるいは典型的には小テストや最終試験は、学生の理解状況や授業への学生のコミットメントの程度を評価するためである。答案を採点し、学生の理解度を採点規準に従って評価する。この評価がモニタリングである。正解を併せて示し、場合によっては学生の答えを添削する。これらは評価に伴って行われる教員の追加的な指導的機能であろう。場合によっては、特定の学生に、解答の仕方や勉強の仕方について助言を与えることもあろう。これら一連の行為は「評価」というモニタリングに関連して期待される、あるいは求められる役割であろう。しかし、教員のモニタリング（監視）はそこまでである。すなわち、履修登録をした学生に対して学期末において最終的な評価を与えること、それで教員の役割は完結する。たとえば学生の成績が悪いことを理由に、何らかの措置を講じることはない。いかに親身の指導と助言を与えても、教員の仕事は最終的には成績の評価に収斂し、それで教員の役割は終了する。監査は、実に、これに近い。

監査人の役割は、証拠に基づいて特定の言明あるいは行為について評価を与えることで終結する。監査のプロセスにおいて指導や助言を与えることがあっても、それをどのように受け止め行動するかは、監査を受ける相手側の判断に委ねられる。監査人が行う指導や助言は監査人の重要な職能であるが、評価はこれらとは別に、存在する。それゆえ、監査の領域においてモニタリングに言及する場合には、モニタリングの内実をどのように理解するかによって、その表れ方は異なってくる。監査はモニタリングの1つであるが、それは「評価を通じてのモニタリング」であり、それにとどまる、と理解する必要がある。これが現代的な理解の仕方である。『AAA監査概念報告書』はそのことを、監査の定義を通じて黙示的に示しているのである。職業会計士による財務諸表監査も、内部監査人による社内監査も、監査人が行っていることは「証拠に基づく評価」であり、それを超えるものではない。このことは、職業会計士も内部監査人も、日常の監査現場において、体感していることであろう。問題は、監査役に与えられている権限と監査との関係である。

『AAA監査概念報告書』が示唆しているもう1つ重要な点は、「客観的に証拠を入手・評価し」という部分が意味する監査実務の在り方である。監査に従事している限り、監査人が何（誰）であれ、現場に赴き、証拠を求め、その関連性・信頼性を評価し、監査報告において求められている結論——その中心は監査意見であるが、結論＝意見ではない——を裏づけなければならない。監査判断は証拠に基づく判断であり、証拠を抜きにした学識、教養、経験等に基づく判断ではない。監査に不可欠な証拠活動は、もう1つのモニタリングの手段である監督を担う者（取締役）には求められていない。監督を行う際にも、執行側から提供される情報（資料）の分析等が不可欠であるが、取締役が有している教養、学識、専門的知識、経験等に照らして、自己の判断を形成し、執行側に自己の考えを提示することによって、執行側の判断に資する、場合によっては具体的な対応を求める、そして時には執行側の身分・

地位に影響を与える決定を行うという形で、モニタリングが行われる。

同じモニタリングの手段でありながら、監査と監督は、その立てつけが根本的に異なり、また、その機能の仕方も異なる。重要なことは、**監査の場合には、監査人は常に現場に赴き、現場と向き合い、現場から証拠を求める形で自己の結論（意見等）を裏づけるという活動（立証／検証）が不可欠である、**ということである。監査役は、社内出身の監査役であろうが社外監査役であろうが、常任（常勤）監査役でなければならない。これに対して、社外取締役は非常勤で、かつ、さまざまな知見を外部に求めるという形で、その監督機能は強化されるが、監査役が非常勤でよいとする根拠は、監査の定義からは求められない。むしろ、監査役は監査の質にマイナスに作用するとさえいえる。企業が好んで使用する「大所高所からの意見」は、監査役に求めるべきものではなく、社外取締役に求めるべきものではなかろうか。

§3 総括

監査という概念が何を意味する概念であるのかを、とりわけその現代的な意味を、国際的な文脈のもとに理解する必要があるように思われる。「監査用語の氾濫」・「監査の爆発」という言葉を、本書の冒頭部分において紹介したが、もしかすると、この概念を整理する必要があるのは、われわれなのかもしれない。監査という用語が、それを使用する人の考えやその用語に対して抱くイメージで使われ、混乱しているようにわれわれには映る。

ここまでわれわれは、監査という用語の使われ方を主に取り上げてきた。第1章で言及した監査に関連する問題に加えて、第2章では「証拠に基づく評価としての監査」、「監督からの分離」（監督との峻別）、「現場に情報を求める形で行われるモニタリングの手段としての監査」など、監査概念（あるいは監査という行為）の捉え方について、考慮すべき点を指摘してきた。しかし、それだけではない。監査という概念の現代的な、そして学術的な意味やその拡がりを理解するには、もう少し広く、そして深く検討してみる必要がある。たとえば、以下のような問題である。

・監査の依頼者は誰か？
・監査費用の負担者は誰か？　監査費用は、会計上、どのように処理（表示）すべきか？
・監査が監査人（監査機能の担い手）に求める機能（役割）とは何か？
・監査の状況と監査の結論は伝達媒体にどのように記載されるべきか？
・監査を一元的に理解する「監査の概念的枠組み」はないのか？

第3章　監査の主題・アサーション・確立された規準

読者諸氏が最も理屈っぽく感じるのではないかと思われる内容を展開しているのが、この第3章である。「監査の主題」、「アサーション」そして「確立された規準」のいずれも、監査を理解し考える際に、監査を捉える視点をそれぞれ示している。以上3つの視点を組み合わせることにより、監査の特性や限界など、特定の態様の監査の特徴も明らかになる。本章を飛ばして次章に進まれることのないよう、是非、3つの概念と頭のなかで格闘していただきたい。その際、念頭に置かれる監査は、公認会計士監査でも、監査役監査でも、内部監査でも一向にかまわない。

本書は、公認会計士監査、監査役監査、そして内部監査の本質を等しく**受託責任監査**に求めているが、それぞれの監査特性は、これらの視点に照らせば、相当に異なる。各監査の特性についての分析や説明は、後に譲ることにして、ここでは3つの概念を考察することにする。丁寧に、そして考えながらお読みいただければ、これらの概念をなぜ取り上げるのか、おわかりになると思われる。本書のなかで最も重要な章である。

§1 監査の主題

監査概念をもう少し整理する必要がある。たとえば、監査と監督とを峻別し、監査という概念から監督なる側面を切り離しただけでは、監査概念を学術的に理解したことにはならない。われわれの社会では、監査という用語の理解に関して、会計監査と業務監査という2つの軸（範疇）に分け、この軸に照らして実際に行われる監査を特徴づけることが一般的である。この軸は、一見、わかりやすさに優れているため、長きにわたって、法律学者や実務家の間だけではなく、概念形成にもっと敏感であるべき監査学者においても尊重されてきた（排外主義的な傾向？）。ちなみに、わが国における監査のテキストの多くは、この軸に基づいて、導入部分の監査の説明を行っている。しかし、会計監査と業務監査のいずれにおいても、指摘されると痛い〝アキレス腱〟を抱えている。そのアキレス腱を、問題提起の形で示してみよう。

・財務諸表監査は会計監査であることには疑いの余地はないが、財務諸表監査を「会計業務の監査」と理解してよいのか。
・事業報告の監査は、上記の軸に照らしていえば、業務監査となるが、事業報告について述べられている監査役の意見は業務そのものを対象としているのか？　否、むしろ事業報告という形を採った代表取締役（社長）の言明ではないのか。ここにいう業務とは、いったい何を意味しているのか。

会計監査も業務監査も、長きにわたって利用されてきた用語ではあるが、少なくとも学術的には曖昧さを許している用語である。わが国における監査研究の展開において、財務諸表監査について「会計処理業務監査」という位置づけがなされたこともあったが、監査を「業務」に引きつけるのではなく、監査の主題（the subject of an audit）に照らして理解するのが適切であると考える。監査についての議論が曖昧さから解放され、監査についてもっと精緻に、そして厳しく議論できるからである。

著者がこの概念に着目してから相当の年月が経った。しかし、ほとんど注目されず、さらには、なぜこの概念に照らして監査の態様を言明の監査（statement audit）と非言明（行為）の監査（non-statement audit）に分類する必要があるのかと、本来もっと関心を寄せてよい若手監査研究者も登場した。しかし、欧米のものには際立った関心を寄せる日本人の文化なのであろうか（拝外主義的な傾向?）、アメリカ公認会計士協会が、職業会計士の目指すべき新たな職域を視野に入れて、「保証業務（assurance services）」という概念に関心を寄せ、その研究成果を研究報告書（Special Committee on Assurance Services. 1997）として発表するや、そこで言及された“the subject of an audit”なる用語が当然のごとく、定義もされることなく言及され、独り歩きし始めた。一時期の流行にとどまり、この概念を通じて監査概念を見直すという学問的機運は広まらなかった。現在、この概念に引き付けて監査を説明している監査のテキストは、ごく一部である。提唱された新概念の意味内容を吟味し、その後の監査思考に結びつけようとする意識や概念思考が、わが国の監査研究者には希薄である。監査を考える始点が監査基準であるからであろう。

　監査の主題とは、**監査人の意見またはその他の結論が監査報告書において、あるいは監査報告として正式に求められている立証の対象**である。監査の主題は、監査の議論においてしばしば引き合いに出される監査対象（あるいは「監査の対象」）そのものではない。監査対象という用語を避け、あえて監査の主題という概念を主張するのは、監査対象という用語の意味するところがあまりにも広く、学術用語として曖昧で、精緻さに欠けるからである。監査対象という場合には、立証の対象としてのアサーションや命題を指示する場合もあれば、「今回の往査の監査対象は棚卸資産である。」・「今回の監査の対象は現金出納帳である。」というように、勘定科目や会計帳簿名を指示する場合にも使われるからである。監査人が認識（立証）の対象としてイメージするものは多々あるが、これらのうち、「監査人の意見またはその他の結論が監査報告書において、あるいは監査報告として正式に求められている」立証の対象だけを切り離し、それに監査の主題なる概念を当て、他の意味として使われる立証の対象や漠然とした監査の対象と峻別するのである。カギ括弧による修飾部分がポイントである。この説明だけでは具体的でないので、公認会計士監査、監査役監査、内部監査を取り上げて、監査の主題と監査対象（立証の対象あるいは検証の対象等）を区別してみよう。

財務諸表監査において公認会計士は、財務諸表についての意見が求められる。監査意見が求められている立証の対象は財務諸表という経営者の言明である。監査の主題は財務諸表であり、その総称が**言明**（statement）[1]である。公認会計士は財務諸表についての意見を表明するため、たとえば、売掛金について「貸借対照表に表示されている売掛金期末残高100億円は実在している営業債権である。」というアサーションを識別する。これも立証の対象として捉えられる。しかし、監査の主題ではない。というのは、売掛金の期末残高の適正表示についての監査意見は求められていないからである。言明は何も財務諸表や会社法上の計算書類だけではない。たとえば、会社法上の大会社の監査役に対して意見が求められている事業報告も、代表取締役（社長）の言明である。しかし、内部監査において、業務担当者の言明について内部監査人自身の意見表明が監査報

1　監査のテキストのなかには、情報の監査（言明の監査）と記述しているものもある。財務諸表は情報なので、財務諸表監査を「情報の監査」と特徴づけたものと推察される。けっして誤りではないが、できれば使用しないほうがよい。というのは、「言明」という用語をあえて使用することにより、「誰の言明か」・「どのような言明か」という、監査を本質的に理解するうえで必要な姿勢（疑問）が一段と強く育まれるようになるからである。財務諸表監査の主題である financial **statements** については、「財務諸表」という定訳があるが、厳密には「**（企業の）財務状況についての経営者の言明**」というべきである。財務諸表はけっして「表」ではない。

告書に求められることは、おそらくないであろう。求められるのは、次に取り上げる別の監査の主題である。

大会社の監査役に対しては、事業報告（言明）に加えて、「取締役の職務の執行に関する取締役の不正の行為または法令もしくは定款に違反する重大な事実があった場合には」、監査報告書にその旨を記載することが求められている。監査役の結論が求められているのは「取締役のなした不正の行為または法令もしくは定款違反行為」の有無（厳密には「有」の場合のみ）である。われわれは、これを「監査意見」の表明とみるべきではなく、「監査の結論」と理解している。重要なことは、**監査の結論は、意見という形ではなく——すなわち、監査人の信念の表明としてではなく——、検出した事実や事項を記載する形で記載されることもある**、ということである。判断は意見であるという暴論は採らない。監査の主題は「取締役の不正の行為または法令もしくは定款違反行為」であり、その総称が**行為**（action/ act）である。

先に言及した内部監査においては、「従業員の業務遂行について、コンプライアンスや効率性の視点から評価し、その結果を内部監査人の結論として経営者に伝達するプロセス」と理解することが通常であろう。さらに、現代的な文脈に従えば、内部監査人が関心をもつ監査の主題が業務担当者の行為そのものから、むしろ会社内部で整備・運用されている業務プロセス、情報システム、さらには内部統制等に移行している企業も多いのではなかろうか。

業務プロセス、業務システム、情報システム、さらには内部統制も内部監査人による評価の対象となりうる。その場合の監査の主題は「プロセス・システム」（process/ system）と一般的に捉えることができる。このように、監査のなかには行為、プロセスあるいはシステムを監査の主題とする監査もある。これらの監査を、上述の「言明の監査」と対比して、「**非言明の監査**」と称することにする。

なお、会社法は、監査役監査の主題の態様として、言明と非言明（行為）の双方を規定している。非言明は昭和49年改正によって導入された監査の主題である。言明については、ロエスレル草案の明治期から今日までの法律の改正を通じて、その範囲（種類）は拡大されてきた。非言明は、すでにロエスレル草案の段階において「利息利益ノ配当案」として認識されていたが、明確になったのは昭和49年改正で導入された「取締役の職務の執行に関する不正の行為又は法令若しくは定款に違反する重大な事実」である。監査の主題の軌跡は第11章において紹介されているので、ここでは指摘にとどめることとする。

監査の態様を捉える新たな軸を加え、さらに従来使われてきた「会計監査・業務監査」という軸との関係を考えると、公認会計士、会計監査人、監査役、そして内部監査部門がさまざまな形で従事している監査の特徴が、より明確に浮かび上がってくる（第8図）。

監査の主題による監査の態様の識別は、従来の分類では気づかなかった、あるいは浮かび上がらなかった監査の特徴を説明することを可能とする。さらに、それは、言明の監査と非

第８図　新しい監査の捉え方と従来の監査の捉え方

		新しい監査の捉え方	
		言明の監査	非言明（行為）の監査
従来の監査の捉え方	会計監査	・財務諸表監査 ・（財務報告にかかる）内部統制報告書監査	・取締役／従業員の財産不正検出監査 ・会計情報システム監査 ・（財務報告にかかる）内部統制システム監査
	業務監査	・事業報告の監査	・取締役／従業員のコンプライアンス監査 ・業務情報システム監査 ・効率性監査

言明の監査（とりわけ行為の監査）は、アサーション、立証や監査報告の在り方、延いては監査人に求められる懐疑心の在り方等において、内容を異にする監査の態様であること、同時に、公認会計士の財務諸表監査と監査役監査の特徴が浮き彫りになるだけでなく、どこに問題を潜在的に抱えているか（抱えていたか）を示唆する。次節と第８～９章において、それぞれ別個に取り上げることにする。

§2　アサーション

目や耳にしただけで、頭が痛くなるような言葉である。しかし、このアサーションという言葉が、監査を思考するうえで重要な概念なのである。アサーションの原語はassertionという英語であり、その意味としては「主張」という訳語が識別されている。そのとおりなのであるが、言語学的には、もう少し精緻な意味内容が明らかにされている。端的にいうと、「真偽の決定できる文」あるいはわれわれの関心に適合させるために、もう少し緩めると「確からしさの決定できる文」である。文であるので、主語と述語を必要とし、真偽または確からしさを決定できるというところから、疑問文、感嘆文、命令文は文ではあるが、アサーションではないことになる。

問題は、アサーションとは誰のアサーションか――誰の主張か――という点である。いうまでもなく、それはアサート（assert）する人であり、主張する人である。財務諸表監査における監査の主題である財務諸表[2]は、それに最終的な責任を負っている経営者（代表取締役社長／代表執行役社長）の会計的言明である。実際に財務諸表の作成業務に従事している経理部門の長とその部下である経理スタッフは、財務諸表の作成者ではなく、また財務諸表に含まれている会計上の主張も、彼らの主張ではない。

言明の監査とは、言明が財務諸表であろうと事業報告であろうと、作成者である経営者が的確な事実判断、適用基準の適切な選択、そして慎重な判断を働かせて、自己の責任のもとに作成し、公認会計士や監査役に提示した言明を立証の対象とする。その意味で、言明に含まれる当該アサーションの意

2「監査の主題」はそれ自体単独で機能する概念であり、それゆえ、財務諸表監査については、「財務諸表監査における監査の主題」とするのが正確な表現である。しかし、読みやすさを考えて、以下、財務諸表監査の主題という表現を使用する。監査役監査の主題等についても同様である。

味内容は肯定的（positive）である。たとえ経営者が虚偽の財務諸表を作成していた――粉飾決算を行っていた――としても、経営者は彼らに対して財務諸表を「肯定的なもの」――「真なるもの」あるいは「適正なもの」――として提出する。財務諸表監査のみならず、言明の監査はそのような立てつけのもとで行われるのである。そしてそのために、しばしば、公認会計士や監査役が騙されるのである。もう少しわかりやすい例を示すことにする。

期末売掛金の監査において、財務諸表監査に従事している公認会計士に許容されるアサーション――貸借対照表の売掛金期末残高に含まれている経営者の会計的な主張――は、

(a)「**売掛金期末残高に計上されている営業債権は実在している。**」あるいは一般的に

(b)「**売掛金期末残高は適正に表示されている。**」であって、

(c)「売掛金期末残高に計上されている営業債権は架空である。」あるいは

(d)「売掛金期末残高は適正に表示されていない。」

ではない。監査人は、後者の(c)と(d)をアサーションとして設定することはできない。というのは、経営者は、自らが最終責任を負っている財務諸表において、後者を主張していないからである。

このことは、監査人が言明の監査を実施する場合には、監査認識上の大きな制約となる。言明の監査は、基本的な監査認識の在り様として、経営者の肯定的なアサーションを証拠によって裏づけることであり、上の例でいえば、「営業債権は架空であること」あるいは「売

掛金期末残高は適正には表示されていないこと」を立証しようとするのではない。認知心理学において明らかにされている「確証バイアス」(confirmation bias) や「確証傾向」(confirmation inclination) は、言明の監査そのものが構造的に有している特質である。監査人が、財務諸表監査において、少ない証拠で結論を急いだり、もっと証拠力のある証拠を入手するべきであるにもかかわらず、入手した限られた証拠に依拠して結論を下したり、さらには経営者の陳述をしばしば鵜呑みにしたために、後日、大きな監査の失敗を招いてしまうことがしばしばみられるのは、言明の監査が本来的に有している〝罠〟に監査人が嵌《はま》っているという側面が極めて大きいのである。

財務諸表であれ事業報告であれ、あるいは他の決算書であれ、言明の監査では、すべからく、監査人は当事者の言明をまず受け入れたうえで、それを監査手続によって裏づける、というプロセスを採る。いうまでもなく、監査人が働かすべき懐疑心——職業会計士の場合には、職業的懐疑心の程度——は大いに制約を受けることになる。したがって、言明の監査では、監査人はこの制約に甘んずるのではなく、むしろ、それと闘う姿勢が求められることになる。アメリカでもわが国でも、社会に大きな影響を与えた財務諸表監査の失敗には、基本的に、言明の監査そのものが有する本質的な構造が影響し、経営者に騙されたことによって引き起こされた、という側面が非常に強い。

一方、非言明の監査——とりわけ行為の監査——においては、監査人を取り巻く状況はまったく異なる。監査の主題が、たとえば、会社財産の横領や流用といった不正あるいは法令違反・社内規程違反（コンプライアンス違反）といった行為の場合には、責任を負うべき個人が特定されていない状況で監査が開始される場合が通常であり、それゆえ、当事者の明示的なアサーション（explicit assertion）を識別することはできない。財務諸表監査の場合には、すでにおわかりのように、責任を負うべき者は経営者である。言明の監査の場合には、「帰責の問題」（a problem of ascriptiveness）は、監査開始時においてすでに明らかになっている。しかし、行為の監査の場合には、そうではない。

かくして、行為の監査においては、監査人は依頼された監査の目的を踏まえて、**確かめるべき（調査すべき）ところを観念し**、特定の事実がないかどうかを、文字どおり手探りで明らかにする、というプロセスを辿ることになる。「観念する」とは、「黙示的に意識／認識する」ことである。監査人は、確かめるべき（調査すべき）ところを監査人の意識のなかにとどめ（implicitly）、それを明示しないのである。すでに説明したように、財務諸表監査の場合には、監査の主題が経営者の言明（財務諸表）であり、監査の当初から当該言明に対する帰責は経営者にあることは当事者の間で了解されている。それゆえ、財務諸表監査において設定される「確かめるべき（調査すべき）ところ」はもともと明示的であり、したがってアサーションも上述の(a)・(b)のように明示的に示される。行為の監査においては、当初、帰責の主体がわからないため、アサーションは監査人の意識のなかで観念されることになる。そして、このアサーションのなかで監査人が想定する「確かめるべき（調査すべき）ところ」を監査目標（audit objectives）または監査要点と称している。監査要点が明示的であるか黙示的であるかは、監査の主題が何であるかによって大きく影響を受けることになる。

先のアサーションにおける監査要点は売掛金の実在性であるが、行為の監査において、それを取り上げる場合には、当該監査要点を監査人は観念しながら、特定の事実の検出に迫ろうとするのである。一般に、非言明の監査においていかなるアサーションを観念するかは、監査人の自由であり、また、それが監査人の腕の見せ所ということになる。会計や経営の知識にとどまらず、法規や業務プロセス、業界や業界での取引慣行、人を見る目、さらには常識や教養など、広範囲に及ぶ知識や視点を総動員して、特定の事実の検出に迫るのである。いかなるところを切り口にし、監査の突破口とするかは監査人の自由な判断に任される。監査人にどの程度の監査上の権限が許されているかにもよるが、監査人は黙々と監査要点を定め、それを**観念**しながら監査手続に臨むのである。監査人が認識するアサーションは、通常の場合、黙示的なアサーション（implicit assertion）となり、それが非言明の監査の認識面での最も大きな特徴である。

監査の主題という概念に基づいて、監査の態様を「言明の監査」と「非言明の監査」に分けることの最大の意味は、それぞれの監査のもとで、監査人が基本的に取り扱うアサーションが異なることを理解できるところにある、といってよいであろう[3]。翻って考えてみれば、会計の世界は、会計記録、会計帳簿、財務諸表や決算書など、すべて明示的な世界である。財務諸表監査に従事する職業会計士の側に問題があるとすれば、それは、彼らがこの「明示的な世界」に慣れすぎてしまい、黙示的な世界を観念する際に必要な経験、知識、教養が十分でない、あるいは足りないことではないだろうか。また、世にいう優良会社、伝統と名声のある上場会社の財務諸表監査に従事している監査人であればあるほど、明示的な会計の世界（あるいは肯定的なアサーション）に慣れすぎ、場合によってはそれに溺れてしまっていることもあり得る。言明の監査に関与することの〝陥穽《かんせい》〟であり、また、それに関与することの〝怖さ〟である。

　監査のマニュアル化は、世界の監査プロ

3　誤解されないように、1つだけ説明をしておかなければならないことがある。それは、言明の監査は明示的アサーションを、非言明の監査は黙示的アサーションを扱う、と単純化しているわけではない、ということである。財務諸表監査でも、黙示的アサーションを扱う場合もあり、また、非言明の監査において明示的アサーションを扱う場合もある。黙示的アサーションでもそれが肯定的な意味内容を有していれば、財務諸表監査の立てつけと矛盾しない。重要性には欠けるが、監査人が念のため確かめておいたほうがよいと判断した項目については、わざわざアサーションを明示するのではなく、黙示的なものを観念して、裏づけるという行動は当然あり得るからである――ただ、その状況を文書化しておく必要はある。一方、内部監査において、特定の個人が自ら不正（横領）や法令・社内規程違反の事実を認めた場合には、内部監査人は当該個人の明示的アサーションを裏づけることになる。

　それゆえ、言明の監査であっても非言明の監査であっても、アサーションを複眼的に捉える必要がある。本文において「基本的に」と述べたのは、そのことを踏まえてのことである。

フェッションにおける1つの潮流となっている。監査手続をマニュアル化し、それを通じて監査の質を管理することは重要ではある。しかし、それは、明示的で肯定的なアサーションの立証に監査人を一方的に走らせてしまう可能性があること――それは監査人が行う監査認識に関して「両刃の剣」であること――を認識しておく必要がある。言明の監査であれ非言明の監査であれ、新規監査スタッフの採用についても、**さまざまな視点で深く考える力**のある人材の確保が必要である。会計基準や監査基準の技術的習熟度だけではないはずである。

以上の考察は、すでにお気づきのように、会計監査と業務監査という従来の監査の分類からは得ることはできない。先に紹介した『AAA監査概念報告書』が「アサーション」という概念を、監査の定義において識別したことは、極めて重要な監査思考の展開と理解しなければならない。読者におかれては、監査の主題による分類とアサーションの監査上の意味と役立ちを、自らが担っておられる（あるいは、自らが関心を有している）監査との関係において、問い直していただければ幸いである。

§3　確立された規準とその硬度・規範性

『AAA監査概念報告書』が示した監査の定義において、注目すべきものの1つが「確立された規準」という概念である。アサーションの確からしさを決定するには、判断のための規準――しかも確立された規準――が必要であることを示唆している。ここに「確立された」というのは、「監査関係者の間で合意あるいは承認・設定された」という意味である。財務諸表監査の場合にはアメリカの「一般に認められた会計原則」（わが国の「一般に公正妥当と認められる企業会計の基準」）であり、内部監査の場合には経営者が設定した行動憲章や各種業務規程（権限規程・財産管理規程等）、監査役監査の場合には法令及び定款であろう。規準とあるので、主観的な規準も含まれるが、監査において適用される規準は確立されたものでなければならない。規準が主観的なものであれば、監査の結果が当事者によって受け入れられる可能性は少なくなり、場合によっては無視されることもあり得る。監査人の判断に大きく依拠し、またそれによって影響を受ける監査であればあるほど、そこにおいて適用される規準は確立されたもの、当事者によって受け入れられたものである必要がある。監査結果が監査人の単なる個人的な判断結果によるものであってはならないことを、重視しているためである。

振り返ってみれば、財務会計の歴史は、会計基準の歴史であったと評することもできよう。アメリカの財務会計基準審議会（Financial Accounting Standards Board）が設定した会計基準やわが国の企業会計基準委員会が設定した企業会計の基準は、設定にかかわる関係者の範囲、会計基準の精粗や具体性、および対象としている範囲など、すべての面において「確立された規準」（基準）と呼ぶことのできるものであろう。職業会計士の間での判断のブレを可能な限り少なく／小さくするのに役立っており、財務諸表に対して表明した職業会計士の監査意見に対する社会の信頼に貢献している。これらの会計基準の「確立された規準」としての硬度（hardness：鳥羽・秋月　2001年）は高いと評することができる。

内部監査において内部監査部門が利用する規準は、会社によって異なり一様ではない。経営者が内部監査の重要性を認めれば認めるほど、経営者は内部監査にあたっての判断規準として適用される法令や各種業務規程の重要性を認識するであろう。内部監査において利用される業務規程の硬度は、会社によって、また業種・業態によって相当異なるのではないだろうか。なお、法令や各種業務規程が意味を有するのは準拠性監査（compliance audit）においてであり、効率性監査においては、これとは別個の規準や目標等が必要であろう。かかる規準は経営者によって設定される場合が通常であろうが、会社によっては取締役会が関係することもあり得る。

監査役監査（行為の監査）において適用される規準は、一般的には、法令・定款である。これらは、社会や法人において合意・承認されたルールであるので「確立された規準」ともいえるが、それは現実の業務に適用される場合に必要な「具体性」に欠け、極めて抽象的なレベルにとどまっている。また、その適用においては、多分に解釈の余地が残されていることと等から、法令・定款の「確立された規準」としての硬度は低いといってよいであろう。

すでに言及したように、財務諸表監査、内部監査、そして監査役監査それぞれで適用される「確立された規準」は、その硬度においては差があるものの、存在する。法の枠組みのもとで行われる監査であれ、企業内の制度として設けられた監査であれ、監査に対する関係者の信頼を確保するうえで、「確立された規準」の存在は重要である。各規準については、それぞれ特別の名称が付されており、公認会計士による財務諸表監査の場合には「一般に公正妥当と認められる企業会計の基準」、監査役監査の場合には、法令・定款であるが、とりわけ事業報告の監査に適用される「確立された規準」として「会社法施行規則」（第117条～第128条・第129条第1項2号・5号・6号・第130条第2項）、そして内部監査の場合には、事業・業務に関連する法令に加えて、経営者が定めた企業の行動憲章、行動指針および各種業務規程が適用され、それぞれの監査において規範性を有している。

一般論として、こうした規準の硬度が高くなり、そこにおける規定（ルール）が網羅的かつ具体的であればあるほど、アサーションの確からしさはより厳しく（より客観的に）評価されることになるので、監査の質に対する関係者の信頼は大きくなる、といえるであろう。

§4　総　括

会計監査・業務監査という用語のみに固執し、その言葉の外郭から監査の内容をイメージしても、さまざまな社会的関係や企業組織のもとで実施されている監査の本質、内容、限界等を正しく、そして深く理解することは難しい。本書は、監査の本源的機能を以って、第三者による受託者の受託責任の実質的な解除と捉えているが、その理解だけでは、現実の経済社会や企業組織において機能するさまざまな態様の監査の内実を具体的に理解することはできない。監査を理解するためには、

①監査の主題が何であるか

②監査の主題からいかなるアサーションが識別されるか

③当該アサーションの確からしさを判断するために適用される規準として何が用意され、またその硬度はどうか

を併せて念頭に置く必要がある。これらについては十分な説明が施されているとはいえないが、これまでの説明だけでも、監査の内実は、①から③をどう考えるかによって大きく変わりうることが、ある程度イメージされたのではないだろうか。

監査の主題、取り扱うアサーション、そして確立された規準という視点から特定の監査の特性や限界（あるいは現実的可能性）を知ることにより、経済社会や企業組織において導入されている監査をさらに有効に機能する監査にレベルアップしていくことが必要である。財務諸表監査において足らざる／不十分な監査観、監査役監査において見直す必要のある監査観、そして内部監査において見直す必要のある監査観、いずれも、受託責任監査としての機能を一段と強化するために求められる監査関係者側での意識改革である。

必ずしも十分な史料によって解明されているわけではないが、わが国における監査の起源は相当に古い。監査の内実が比較的明らかになったのは、明治期に入ってからであるが、当時の人々が会社の統治機構を具体的に構想できたのは、その前の徳川時代において発展してきた「商いの経営」で得た知識や経験が蓄積されていたからであろう。にもかかわらず、監査に限っていえば、監査はわれわれの社会にはなかなか根づかない。〝村社会〟的な文化風土が強いわが国では、第三者が関与し評価するという構図はなかなか受容されず、そのため、傾向として、監査の外郭だけが尊重され、実際にはほとんど機能していない「儀式としての監査」という状況が生まれてしまうのである。監査の内実やその質を直接〝体感〟することはできないため、監査は容易に形骸化するという宿命を負っているともいえる。

内部監査が機能するかどうかは、一言でいえば、経営者の理解と判断次第である。内部監査をどのように強化しても、それが企業業績に直接貢献するわけではない。不況を受けて企業業績が悪化すると、最初にリストラを受けるのは内部監査部門という声をしばしば耳にしてきた。経営者人事にもつながりかねない重大な企業不祥事が起こると、経営者はやっと内部監査の意味に気づき、内部監査機能の強化に着手する。こうしたことも、いろいろな局面で何度も知らされてきた。経営者を守るものの1つ、それは有効に機能する内部監査、もっと視点を広げれば内部統制である。法に触れる、あるいは不適切な業務が原因で社長が辞任するというニュースを何度目にしたことか。社長がどの程度内部監査を重視していたかという部分は確かに残るが、内部監査部門がそれを見逃したとすれば、その限りで、社長を守れなかったということであろう。これはやはり「内部監査の失敗」であろう。

「監査とは何か」・「監査の原点は何か」という原点に立ち戻る必要があるのではないだろうか。われわれは、監査の原点は、受託責任にある、と確信している。監査の主題が異なっていても、監査の根底に受託責任という本質的要素があることを認識し、そのうえで、それが態様の異なる監査のそれぞれに何を意味しているのかを、とりわけ現代的な文脈のもとに、議論し検討することが必要である。受託責任についての考察は、第6章においてなされている。

第4章　監査の質と監査基準

監査の質を示す指標は多々あるが、究極的には、監査人に対して社会的に（制度的に）、あるいは組織的に（企業組織内部で）求められている役割が適切に遂行されている程度、と捉えることができる。たとえば、財務諸表監査に従事している公認会計士の役割は、財務諸表に重要な虚偽表示が含まれていないことについて合理的な保証を与えること、あるいは、財務諸表に重要な虚偽表示が含まれている場合に、それを検出するとともに経営者にしかるべき修正を求めたうえで、適正意見を表明すること、あるいは修正を求めたが、経営者がそれに応じなかった場合には、財務諸表に重要な虚偽表示があることを指摘した監査意見を表明することである。財務諸表監査に従事している公認会計士の役割がこのように適切に遂行された場合には、当該財務諸表監査は有効であった、と評価することができる。これが社会からみた**財務諸表監査の質**——有効性——である。

内部監査の目的は、基本的には[1]、執行の長である経営者によっ

1 「基本的には」としたのは、内部監査部門が企業組織のうえで、どのように位置づけられるかによって——経営者の指揮命令系統に属するのか、それとも取締役会の指揮命令系統に属するのかによって——、また、当該内部監査部門長が独立の職業専門家であるか（アメリカの場合）、企業内部の人間（従業員）であるか（わが国の場合）によって、内部監査の目的は大いに異なり得るからである。この点に関する詳細な説明は、第10章において行うこととする。

て決定され、内部監査部門に指示される。特定の法令や各種業務規程への準拠性の検証が監査の目的として指示される場合（**コンプライアンス監査**）が一般的であろうが、特定の業務活動の効率性の検証が内部監査の目的として与えられる場合（**効率性監査**）や、会社財産に係る不正の検出が指示される場合（**不正摘発監査**）もある。内部監査の質とは、経営者から与えられたこうした指示に対して、いかなる監査結果（状況の分析と評価および特定の事実や行為）が経営者に報告され、業務活動や事業活動の改善や会社財産の保全に役立っているかによって決定される。さらに、内部監査部門には、内部統制の有効性を高めるうえで必要な助言を経営者に提供すること、また、監査の結果検出された問題が繰り返されることのないように、現場の業務スタッフに対して必要な助言を与えること、これも内部監査の質を図るうえで重要な要素であろう。以上が全体となって**内部監査の質**——内部監査の有効性——を決定するものと思われる。内部監査の質は、経営者が内部監査をどのように理解し、どのような組織と人材を用意し、何を期待するかによって決まるものであろう。

監査役監査（会社法上の大会社の場合）の目的は、制度上、①事業報告の信頼性を保証すること、②取締役の職務の執行に関して不正の行為があった場合、あるいは取締役の職務の執行に関して法令もしくは定款に違反する事実があった場合に、それを取締役会に報告すること（会社法第382条）、および監査報告書においてその旨を記載すること（会社法施行規則第129条第1項3号）である。監査役に求められている以上の役割が適切に遂行された場合には、当該監査役監査は有効であった、ということができる。これが**監査役監査の質**である。

いかなる監査であれ、監査の主題が何であれ、監査の質が確保されるためには、特定の監査の主題に関連する「確立された規準」が存在し、かつ、その硬度が高いことが必要である。しかし現実には、監査の質はそれだけでは決まらない。監査人がいかなる内容と水準の監査（監査手続）をどのように計画・実施し、また、その結果をどのように分析・検討したかによっても影響を受ける。もちろん、このほかに、監査する側の態勢や監査人自身の特性も監査の質に大きな影響を与える。ここでは、指摘にとどめたい。

§1　監査人の行動指針としての監査基準

監査人の行動が当該監査人の判断と裁量にすべて任されているのか、ある行動指針が与えられ、それを踏まえて、あるいはそれを参考にしながら具体的な監査行動に移せば足りるのか、それとも、単なる監査の行動指針ではなく、監査に際して必ず準拠しなければならない規範として設定されているかによって、監査の質は決定的に異なる。また、すべての監査の行動指針は規範として設定されなければならない、ということではない。それは、当該監査がいかなる状況のもとで行われているのか、何を目的に実施されているか、そして監査の主題が何であるかによっても異なる。

現在わが国の企業社会において行われている監査において、監査人の行動指針がある体系を有した明示的な言明として設定され、かつ、その内容が広く一般に明らかになっているものとして、以下の3つがある。

(A)「一般に公正妥当と認められる監査の基準」……金融庁(企業会計審議会)の『監査基準』と日本公認会計士協会(監査基準委員会)の『監査基準委員会報告書』等からなる

(B) 公益社団法人日本監査役協会の『監査役監査基準』

(C) 一般社団法人日本内部監査協会の『内部監査基準』

監査は、学会や社団法人等においても、民法上のいわゆる「監事」によって行われているが、いかなる監査人の行動指針が採用されているかは必ずしも明らかではなく、すべての監査行動が監事に任されている場合が通常ではないか、と思われる。完全な私的自治であっても、団体の運営・維持が十分に可能であると団体の構成員が認めれば(会員総会等において)、会員総会で会員のなかから選出された会員が監査人としての職務を遂行しても、何ら問題はない。たとえば日本会計研究学会においては、監査人(=監事)は会員のなかから選出されているが、アメリカ会計学会（American Accounting Association）は、毎年度、異なる会計事務所が当学会の財務諸表について監査（外部監査）を実施している。

§2　一般に公正妥当と認められる監査の基準

「一般に公正妥当と認められる監査の基準」は、公認会計士が財務諸表監査を実施する際に、必ず準拠しなければならない監査規範（audit norm）であり、単なる監査人の行為の指針ではない。財務諸表について公認会計士が意見を表明するには、監査がこの規範に準拠して行われたことが前提であり、公認会計士は監査報告書の「監査人の責任区分」において、「監査が一般に公正妥当と認められる監査の基準に準拠して行われたこと」を「事実の記載」（a statement of fact）として明示しなければならない。過去形になっているのは、そのためである。この記載を通じて、公認会計士は財務諸表利用者に対して、次の2つのことを伝えている。

①監査の質は「一般に公正妥当と認められる監査の基準」が要求している水準を満たしていること。

②実施した監査の質に対する責任は、「一般に公正妥当と認められる監査の基準」の枠内

で負うこと。

なお、日本公認会計士協会は、監査の主題が財務諸表（計算書類）である場合には、当該財務諸表の発行主体が、営利法人か否かにかかわらず、また当該営利法人が上場会社であるか否かにかかわらず、さらに、財務諸表監査に従事している監査人が監査法人であろうと個人公認会計士であろうと、監査人が提供する財務諸表の信頼性に対する保証水準は1つ——すなわち、事業体の種類、業種、規模等によって適用される監査の基準が異なることはない——という考えを採用している。

財務諸表監査に従事する公認会計士にとって、「一般に公正妥当と認められる監査の基準」は単なる監査指針ではなく、監査規範である。現在実施されている財務諸表監査は、監査の主題については「一般に公正妥当と認められる企業会計の基準」という会計規範を、監査人の行為については「一般に公正妥当と認められる監査の基準」という監査規範を前提とし、かかる規範に準拠して財務諸表監査が実施されたことに言及することによって、財務諸表監査全体の質を保証しているのである。これこそ、公認会計士が実施する財務諸表監査の最大の特徴である。財務諸表監査の質は、公認会計士が「企業会計の基準」と「監査の基準」に準拠して監査判断を行うことを以って担保される。財務諸表監査の質に対する公認会計士の責任も、それゆえ、こうした2つの規範の枠組みのなかで負うことになる。財務諸表監査全体の質は、会計規範や監査規範が見直され、新たな規範に改訂されたときに引き上げられることになる。日本公認会計士協会が実施する各種研修、セミナー、全国大会は、こうした会計規範・監査規範の理解をより深めるために、継続的専門研修制度（Continuing Professional Education：CPE）と連動し、会員に継続的研修を義務づける形で実施されているのである。

なお、公認会計士が金融商品取引法監査や会社法監査における監査契約当事者としてではなく、社外監査役（社外取締役監査委員）として、監査役会監査報告書（監査委員会監査報告書）の「監査の方法及びその内容」において、会計監査人の監査の実施状況に関して言及する場合であっても、その際に言及すべき監査規範は、「一般に公正妥当と認められる監査の基準」であり「一般に公正妥当と認められる監査基準」ではない。後者の用語は、すでに監査制度上における意義を有していない。残念であるが、このことが徹底されていない監査報告書が現実に作成されている。

§3　監査役監査基準

『監査役監査基準』は、監査役が会社法のもとで監査を行う場合の監査役の行動指針であり、それ自体は規範ではない。『監査役監査基準』に規定されている基準のどれを、どの程度、どの範囲で遵守し、念頭に置き、あるいは尊重するか、また、監査報告書においてかかる指針に言及するか否かも、すべて個々の監査役の判断に委ねられている。その意味で、『監査役監査基準』は監査指針（audit guidance）にとどまっている。

とはいえ、『監査役監査基準』の監査役監査実務の質に与える影響は、軽視されるべきではない。日本監査役協会は、『監査役監査基準』を啓蒙するための研修をこれまで継続的に実施してきた。また、監査役も、『監査役監査基準』を手掛かりにして、監査役監査の何たるかを理解し、コーポレート・ガバナンスにおいて「監査の機関」としての役割を果たし、また、それが強く求められている。なお一部の監査役監査報告書においてであるが、「監査の方法及びその内容」の区分において『監査役監査基準』に言及した例もある。『監査役監査基準』が、監査役諸氏に少しずつではあるが受容されつつあることを示すものであろう。

ただ、1つだけ留意しておかなければならないことは、公認会計士が監査基準への準拠性に言及するのは、公認会計士が関与する財務諸表監査の質は、公認会計士全体として一定であること——均質であること——を伝えるためでもある。これは、公認会計士が実施する財務諸表監査の質に対する監督機関（とりわけ金融庁）の規制を反映している部分でもある。

これに対して、監査役監査の質を均質化するという政策はない。監査役監査の質が全体として高まっていくことは、もちろん、望ましいことではあるが、会社法は、監査役監査の質の水準——保証水準——を会社の自治に委ねている。とするならば、株主は、自らが出資している会社における監査役監査の質が、どのような水準であるのか、どのような監査が行われているのか等々を含め、当該会社の監査役監査の状況の詳細を求めているはずである。このことを考えるならば、監査役監査報告書の「監査の方法及びその内容」の記載は標準化すべきではなく、監査役監査が特に重視した取締役の執行した職務の限定、その判断根拠、実施した監査手続の内容等、可能であれば監査役ごとに記載・報告するという方向が、本来模索されるべきである。公認会計士監査と監査役監査とはその立てつけを異にしており、公認会計士監査にその範を求めて記載方法を模索するという姿勢は望ましくはない。

監査役監査の構造は単純ではない。大会社の場合、監査の主題は

・代表取締役社長の言明としての事業報告
・取締役による不正行為あるいは重大な法令定款違反行為
・内部統制システムの整備の基本方針についての取締役会の決定（決議）の概要（言明）および内部統制システムの運用状況についての概要（言明）[2]

の3つであり、監査役は、言明の監査と行為の監査の双方を行

2　内部統制システムの整備と運用に関する言明は、多くの場合、事業報告においてなされている。それゆえ、この部分の言明は独立の監査の主題ではなく、事業報告という言明に含めて考えることも可能である。その一方で、法は事業報告については「適法性」の判断を監査役に求めているが、内部統制システムに関する言明に関しては、「相当性の判断」を――とりわけ「相当でない場合の指摘」を――求めている。内部統制システムについての言明については「相当でないこと」を指摘しつつ、事業報告全体としては適法である、との監査報告も実務的には考えられるが、ここでは、それぞれ別個の監査の主題として理解することにした。

うことになっている。異なる監査の主題――言明と行為――に関与する監査役が、どのような内容の監査を実施したかは、やはり監査報告書における重要な「監査の方法及びその内容」を占めるはずである。監査の主題ごとに「監査の方法及びその内容」の記載内容を変えるということは、監査役監査報告書を考えるうえで非常に重要である。商法および商法特例法においては「監査の方法の概要」の記載が求められていたが、会社法においては「監査の方法及びその内容」と変更されている。「監査の方法の概要」だけではなく、「その内容」の記載が求められている点に十分留意する必要がある。

監査役監査の質の向上を目指して、日本監査役協会は、各種研修、セミナー、そして全国会議を通じて、『監査役監査基準』の啓蒙と理解を会員に促してきた。監査役監査の質については、監査役自身が考え、どのようにしたら高められるのか、また、改善したらよいのかを、自主的に、そして積極的に自らに問いかけなければならない。また、そこでの活動は、監査役が経営者から監査役監査に対する真の理解を得るためにも重要である。

§4 内部監査基準

『内部監査基準』も、内部監査部門長が内部監査の実施に際して必ず準拠しなければならない監査規範ではない。それは内部監査に従事する者（内部監査部門の責任者）の行動指針にとどまる。その意味では、『監査役監査基準』と同じである。

ただ、『内部監査基準』そして内部監査を考え理解するうえで、重要なことは、（もちろん日本内部監査協会関係者も十分に認識してきたことであると推察するが）アメリカの内部監査人協会（The Institute of Internal auditors：IIA）がこれまで公表してきた内部監査にかかる意見書や基準とその背後にある内部監査人の実情と、同協会のわが国における代表機関であるとはいえ、日本内部監査協会が公表してきた『内部監査基準』とその背後にある内部監査人（厳密には「内部監査部門に所属する内部監査業務担当者」）の実情は、（これまでのところに関する限り）[3]大きく異なるという点である。この問題は、『内部監査基準』を理解するうえで、極めて本質的であるので、第10章において、取り上げることとする。

内部監査が現実の企業組織においていかなる活動を行っているかは、経営者の内部監査に対する考え方、指示、内部監査態勢、企業グループ、そして何よりも業務の種類や特質等によって異なり、現実には相当幅があるように思われる。また、内部監査部門がホールディングスに属しているのか、その傘下にある事業会社（子会社）に属しているのか、それともその双方であるかによっても、大きく異なり得る。

---

3 （これまでのところに関する限り）という部分を挿入したのは、IT時代とりわけAI（人工知能）時代を目前にして、わが国の企業社会における内部監査の遂行者が、これまでと大きく変わり、アメリカの状況に近づく可能性が認められるからである。

企業において行われている業務のなかには、確かに、「評価」、「モニタリング」あるいは「診断」と表現できる要素が含まれている部分がある。この要素は、従来の企業組織の編成からすれば、スタッフ部門と呼ばれる組織に帰するものであったが、現在の企業においては、ライン部門に属する組織においても認めることができる。しかし、これらの要素だけに注目し、それらを内部監査あるいは内部監査に準ずる機能と称することはできない。監査と呼ぶには、それに従事する（独立の）組織とスタッフ、そして何よりもその活動に対する企業内でのフォーマリティ（業務担当者の受託責任を企業組織の仕組みとして解除するという側面）が必要である。

いかなる内容の内部監査が行われるかは、特定の企業における内部監査がいかなる発展段階にあるかによって異なると思われる。しかし、監査の主題に関する限り、内部監査の主題は、基本的には行為あるいは行為の集合としての業務、さらには業務の集合としての事業（ビジネス・モデル）であろう。業務担当者が作成した特定の文書や報告書（言明）の信頼性を確かめ、それを内部監査部長が保証するという、財務諸表監査における公認会計士の役割に似た役割を果たすことは、（経営者が特定の指示を与えた場合を除き）通常では、ないように思われる。

内部監査が基本的に「行為の監査」を標榜するという点は、極めて重要である。それは、問題となる特定の行為、特定の業務、特定のシステムなどを、内部監査担当者による現場での証拠活動を通じて明らかにし、それに内部監査担当者としての専門知識や経験を交えながら分析し、その結果を経営者に報告するというプロセスを採る、と思われるからである。特定の個人の行為にかかる誠実性、システムの有効性などについて、内部監査人が意見を表明する形で保証を明示的に与えるという形式は、われわれには想定できない。内部監査は、その意味では「事実（問題）検出型の監査」であろう。この点は、監査役が行う取締役の職務の執行にかかる「不正の行為または法令もしくは定款に違反する重大な事実」の検出と本質的には同じはずである。その意味で、『内部監査基準』に規定されている「アシュアランス業務」は、いったい何を保証するのか、『内部監査基準』からは読み取ることができない。この問題も、非常に重要な問題であるので、第10章において、取り上げることとする。

日本内部監査協会は、『内部監査基準』に対する理解と企業社会への普及を視野に、各社で行われている内部監査の質を一段と高めるべく、とりわけ企業の内部監査担当者を対象にした各種研修、セミナー、そして全国大会を行ってきた。監査役監査とは異なり、内部監査に対する法的根拠はないため、内部監査の質をどのように高め、また改善し、また効率的な内部監査をいかに図ったらよいのか、業務のＩＴ化にいかに対応したらよいのかを含め、自主的に、積極的に取り組んでいかなければならない。と同時に、内部監査を企業経営にとって意味のあるものにするかどうかは、最終的には、経営者が内部監査をどのように理解するかにかかっている。内部監査が企業内部において受け入れられるように、さまざまな配慮が

『内部監査基準』になされているように思われるが、内部監査の「受託責任監査」としての原点をしっかり説明することが必要であるように思われる。

§5 総　括

同じ監査基準の範疇に属しておりながら、また、監査の質を規定するものでありながら、「一般に公正妥当と認められる監査の基準」、『監査役監査基準』、そして『内部監査基準』の本質は相当に異なる。「一般に公正妥当と認められる監査の基準」は、公認会計士が財務諸表監査（言明の監査）において適用する行為の指針であり、かつ、監査意見を表明するためにはその遵守が求められる規範である。公認会計士が実施する財務諸表監査全体の質を規制するものであり、その主たる目的は、財務諸表監査の質に大きなばらつきがあることを認めない規制当局の政策とも大きく関係している。

現在、日本公認会計士協会は、財務諸表監査の質を規制する基準は「一般に公正妥当と認められる監査の基準」だけに限定し、たとえば、監査を受ける事業体の上場・非上場や営利・非営利等の違いによる複数の監査基準を認めていない。監査という用語を使用する場合の保証水準を常に1つにすることによって、監査という用語の希薄化を避けるという方針が貫徹されている。監査基準に関して大きな変革が起こるとすれば、この方針に変更を加える状況が生まれたときであろう。

これに対して、監査役監査と内部監査については、監査人や監査が行われる事業体によって、監査の質は異なり、また、異なるのが当然である、という考え方が貫徹されている。監査の質を均質化することの意味がないばかりか、そもそも、内部監査の場合のように、企業によって監査の主題が異なりうるからである。すでに述べたように、監査役監査の場合には「言明の監査」（事業報告の監査）と「行為の監査」（取締役の職務の執行の監査）であり、内部監査の場合には、例外的な場合を除き、「行為の監査」（従業員の業務の監査）であり、会計的言明（財務諸表）を監査の主題とする公認会計士の財務諸表監査とは異なる。

それゆえ、『監査役監査基準』であれ『内部監査基準』であれ、そこにおいて取り上げられる監査の質は、そうした監査の主題の違いが前面に出るような形で説明される必要がある。金融庁企業会計審議会の『監査基準』にみられる「一般基準」、「実施基準」、そして「報告基準」から構成される監査基準の体系を念頭におき、それと類似した体系を用意したとしても、そこで取り上げられる内容は、用語の使い方を含め、相当に異なるものと理解する必要がある。また、『内部監査基準』については、内部監査人として独立した職業専門家としての地位を認めているアメリカと、企業組織内における内部監査部門担当者の地位にとどまるわが国とでは、内部監査基準そのものの立てつけが異なっているはずである。

第5章　監査の生成基盤としての社会的関係

監査はいったい誰が依頼し、誰がそのための費用を負担し、誰が監査用役（監査人が提供する用役：audit service）を利用するのか。ここで議論の便宜上、依頼者をA、費用負担者をB、用役受益者（利用者）をC、そして監査用役提供者をXとしよう。

ごく単純に、そして自然に考えれば、その答えは「監査用役を利用する人Cが監査を依頼し（C＝A）、そのための費用を負担する（C＝A＝B）」であろう。監査の登場人物は、つまるところ、〈依頼者＝利用者＝費用負担者〉と監査人Xの2者ということになる。しかし、監査はこのような2者間関係（a two-party relationship）を前提にしているのであろうか。

もう少し具体的な関係を取り上げてみよう。患者が病院の提供する医療を利用するために（C）、当該病院に対して医療提供を求め（A）、当該病院に対して費用を負担する（B）。登場人物は〈依頼者＝利用者＝費用負担者〉と病院Xの2者である。あるいは、ある個人が裁判での弁護を求めて法律事務所を訪れたとしよう。法的弁護を利用しようとする人Cが依頼者Aであり、そして法律事務所に報酬を払う者Bはほかならぬ利用者＝依頼者である。登場人物は、〈依頼者＝利用者＝費用負担者〉と法律事務所Xの2者である。医療であれ法的弁護であれ、それが前提とする社会的関係は、いずれも2者間関係（第9図）である。

第9図　2者間関係と3者間関係（監査の場合）

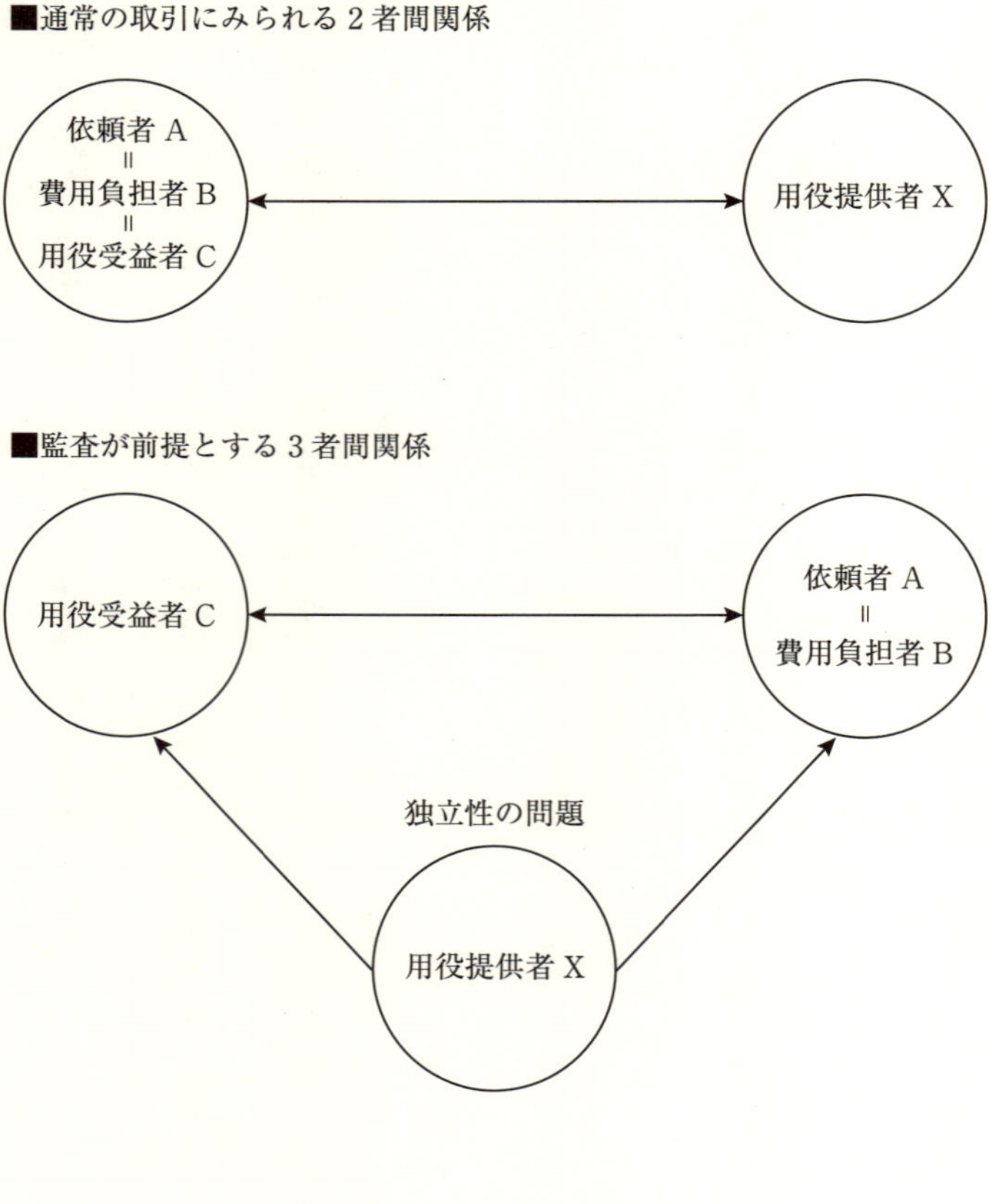

特定の用役を利用したい者が、当該用役の提供を求め、それに対して費用を負担する。われわれの社会は、基本的には、このような2者間関係を基礎にして成立しているが、実際には、依頼者と費用負担者が同一であるが（A＝B）、用役の利用者は異なるという3者間関係（a three-party relationship）が存在する。もちろん、特定の社会的関係をどのように捉えるかという「見方の問題」ではあるが、監査は、この3者間関係として捉えるのが一般的である。であるからこそ、たとえば監査人の独立性という問題が、ことさら取り上げられるのである（第9図）。監査が関係する社会的関係は3者間関係であると理解したうえで、監査における3者間関係を少し考えてみることにする。

§1　監査を生み出す社会的関係

われわれの社会には、経済学で「エージェンシー関係」として捉えられる契約関係が存在する。ある経済主体が、何らかの用役を自分に代わって、他の経済主体に遂行させることによって、自己の目的の達成や実現を図ろうとする取り決めが存在する場合に、その関係を「エージェンシー関係」と称している。この関係を説明するために、しばしば引き合いに出されるのが、株主と経営者との間の関係、経営者と従業員との間の関係、患者と病院との間の関係である。

このような見方を前提にすると、監査を生み出す社会的関係は、ある財産[1]を有する経済主体P〝本人〟（プリンシパル：Principal）と、その財産を使用してそのプリンシパル（本人）のために行動するもう1つの経済主体A〝代理人〟（エージェント：Agent）から構成され、前者は株主、後者は経営者と規定できそうである。代理人Aには本人Pの利益を最大化するような行動が期待されるが、両者の利害はかならずしも一致しない。Pの利益ではなくA自身の利益を優先させて行動してしまう状況（モラル・ハザード）が発生し、たとえばAが私腹を肥やしたり、Pに対して虚偽の報告をしてしまうことが起こりうる。そのため、そうしたモラル・ハザードが発生することを防ぐために、Aに対してPの利益に合致した行動を取らせるようなインセンティブを与えたり、反対に担保の提供（bonding）をAに求めたり、あるいはA自身の行動をモニタリングする仕組みを講ずるのである。監査はかかる仕組みの1つであり、両者間の取り決めの結果として導入されることになる。

しかし、本書が監査の生成基盤として主張する社会的関係は委託受託関係であり、エージェンシー関係ではない。両者の間の決定的な違いは、委託受託関係においては、受託者は委託者に対して受託責任を負う――当事者がそれを認識しているかどうかとは関係なく、**原理的には**、必然的に受託責任を負う――

1　なお、文脈によっては、「財産」に代えて「資産」あるいは「会社財産」なる用語を使用している。読みやすくするためのレトリックとご理解いただきたい。

の対して、エージェンシー関係にあっては、両者の間の取り決め（契約）次第であるという点にある★7。

監査の生成基盤である委託受託関係は、財産を所有する経済主体が自己の目的を達成・実現または満たすために、所有する財産を、それを費消・運用・管理・保全（以下、「運用・保全」と略記する。）する権限とともに、もう一方の経済主体に委託し、一方、財産を受託した経済主体は、委託者の目的の達成・実現のために、委託された財産を運用・保全する、という関係として規定される。しかし、委託者と受託者の間の関係は、委託者から受託者への財産と権限の一方的な流れで終結するのではなく、受託者が財産の運用・保全（＝経営）を任された者としての責任を、原理的には負うことになる。これを**受託責任**という。委託受託関係は、受託責任が誠実に遂行されていたことを、当該委託受託関係に直接関係していない第三者が確かめ、その結果を委託者に報告するという形で終結する。そして、ここにいう第三者こそ、監査人にほかならない。すでに紹介した中世のイギリス荘園における監査は、領主と荘宰・荘役との間の農園経営にかかる委託受託関係を背景に誕生したものである。

問題は、経済社会において、さまざまな状況のもとでみられる委託受託関係を、いかなる経済主体間の関係として具体的に規定し、また、そこで行われる監査の態様を受託責任という観点からどのように規定するかである。さらにもう1つ、われわれの経済社会において求められた監査は、すべて委託受託関係で説明できるのであろうか。ここでは、以上の点を踏

★7　エージェンシー関係と委託受託関係について

エージェンシー理論は、ある経済的資源を有する経済主体Ｐと、その経済的資源を使用して、Ｐ（principal）のために行動するもう１つの経済主体Ａ（agent）とから構成される異なる経済主体間の関係を取り決め（契約）と捉えたうえで、ＡがＰの利益のためではなく、契約の趣旨に反してＡ自身の利益のために行動する可能性――モラル・ハザード――を、どのような仕組みや手段を両者間に組み込めば引き下げることができるか、あるいは反対に、ＡがＰの利益のために進んで行動するようになるのかを分析する経済学の一分野である。

本書は、監査の生成基盤を委託受託関係に求め、エージェンシー関係には深く立ち入っていない。それには、基本的に2つの理由がある。

確かに、両者の間には、一見似ているところがあるが、委託受託関係においては、受託者が委託者に対して受託責任を原理的に負うのに対して、エージェンシー関係においては、受託責任の認識は必然ではなく、両者間の取り決め（契約）に委ねられることになる。受託責任の認識に関して、両者の間には決定的な違いがある。本書が監査の生成基盤として、エージェンシー関係を取り上げない第１の理由はここにある。

企業を契約の束として捉えるエージェンシー理論は、法人名目（法人擬制）説的な立場に立つアメリカにあっては、企業を自然人間の契約関係に還元して捉えようとする点で、アメリカ社会に親和的な理論だといえる。しかし、わが国の場合は、どうであろうか。たとえば、株式会社企業を自然人の間の関係（株主と経営者・取締役との間の関係）に還元して捉えるとどういうことになるであろうか。法人実在説的な立場を採る組織法たる会社法における「会社の機関」に関していえば、たとえば「監査の機関」（監査役）を説明することはできないことになってしまう。エージェンシー理論は、わが国の会社法下にある企業社会を説明するには親和的な理論とはいえないのである。これが第２の理由である。

まえながら、以下の社会的関係と監査との関係を考察することにする。

・財産の運用・保全にかかる委託受託関係
・金融市場においてなされる取引（金融取引）関係
・資本市場においてなされる取引（証券取引）関係

§2　財産の運用・保全にかかる委託受託関係

財産の運用・保全にかかる委託受託関係あるいは**スチュワードシップ**、これこそが監査を生み出した社会的関係にほかならない。監査を誕生させた社会的関係を委託受託関係に求めると、監査人は、委託者と受託者との間の委託受託関係に関与し、受託者が委託者に対して負っている受託責任が適切に遂行されていることを確かめ、その結果を委託者に伝達する、という監査の構図（第10図）ができあがる。

この構図に従えば、監査人は、受託者が委託者に対して負っている受託責任を実質的に解除するという役割を果たすことになる。「実質的に」としているのは、受託責任を解除できるのはあくまで委託者であるが、受託責任の解除に関する委託者の判断や決定は、監査人からの報告結果によって影響を受けるため、そのことを示すためである。**受託責任の実質的な**

第10図　委託受託関係・受託責任・監査

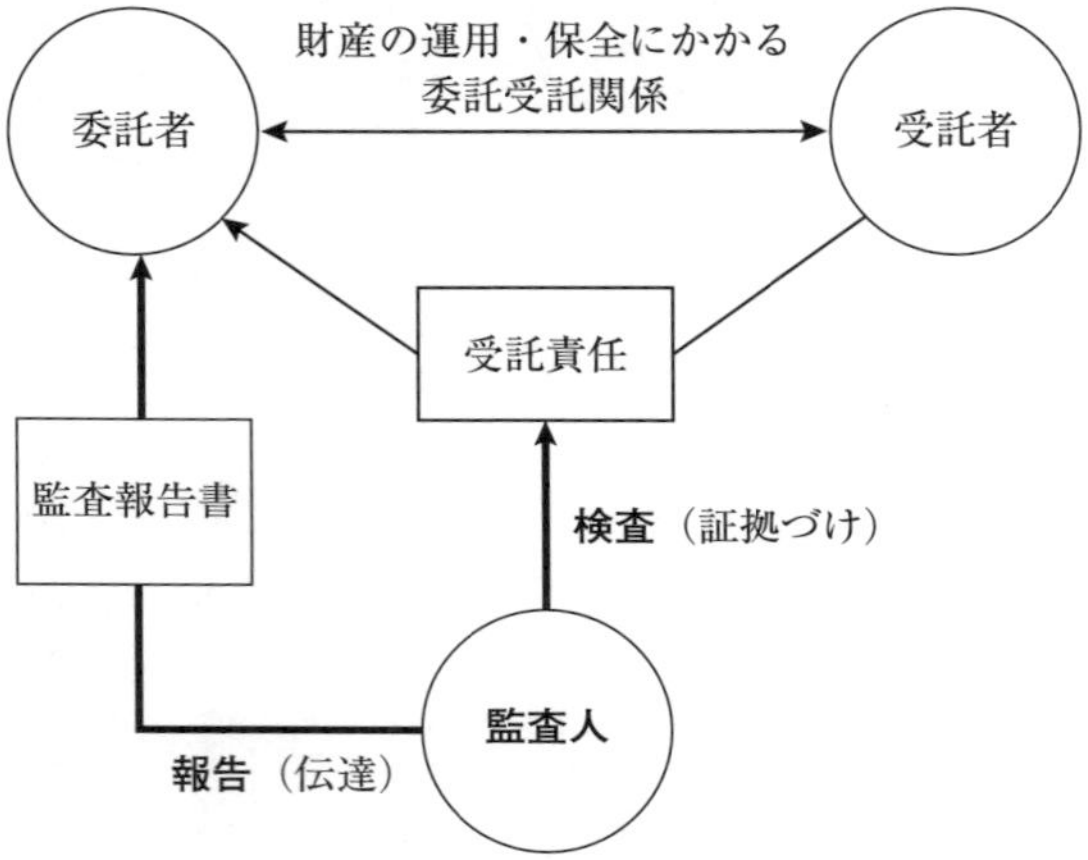

解除機能[2]**、これこそ、監査の根源的機能である。**監査役監査であれ、会計監査人監査であれ、内部監査であれ、あるいは国や地方公共団体においてなされている監査――会計検査院監査（検査）や監査委員監査――は、すべてこのような制度的／組織的立てつけのもとで行われている（第11図）。当然のこととして、「受託責任とは何か」という疑問が生ずる。また、その内容をどのように理解し監査の主題を識別するかによって、監査はさまざまな態様を表わすことになる。すでに気づかれている慧眼《けいがん》な読者もおられると推察するが、ここにあげた監査は、現実社会における具体的な表れ方は別として、**本質的には「行為の監査」の範疇に属する。**

翻ってアメリカにおける財務諸表監査の展開を概観すると、職業会計士およびアメリカ公認会計士協会は、長い間、この本質に背を向け、財務諸表監査を純粋に「言明の監査」と捉え続けた、といえるであろう。証券取引委員会（Securities and Exchange Commission：SEC）は、財務諸表監査が導入された比較的早い段階から、「不正への積極的関与」・「内部統制報告書の導入とその信頼性への関与」を監査プロフェッションに要求してきた。しかし、それに対するアメリカ公認会計士協会の姿勢は極めて消極的であった。不正は監査を考えるうえでの原点であるにもかかわらず、専門職業基準（監査基準書）において「不正」（fraud）という言葉に言及することさえ、長い期間にわたって避けてきた。

§3　金融市場においてなされる取引（金融取引）関係

アメリカの職業会計士が財務諸表監査を「言明の監査」と割り切った背景には2つの理由があったと考えられる。おそらく

2 「受託責任の実質的な解除」という表現には、注意するところが2点ある。「受託責任を解除する」主体は、財産の拠出者（株式会社の場合には株主）であって、監査人ではない。しかし、監査人からの株主に対する監査報告が株主の判断に影響を与えることは確かである。その意味を示すために「実質的な」という言葉を添えているのである。特段の言及が監査報告書になければ、株主は取締役の受託責任の解除を行い、次年度の職務の執行に移ることを了承するであろう。「責任を解除する」とはそういうことを意味するにとどまり、取締役の法的責任を問わない／免責するという意味ではない。

第11図　わが国で行われている主要な受託責任監査の態様

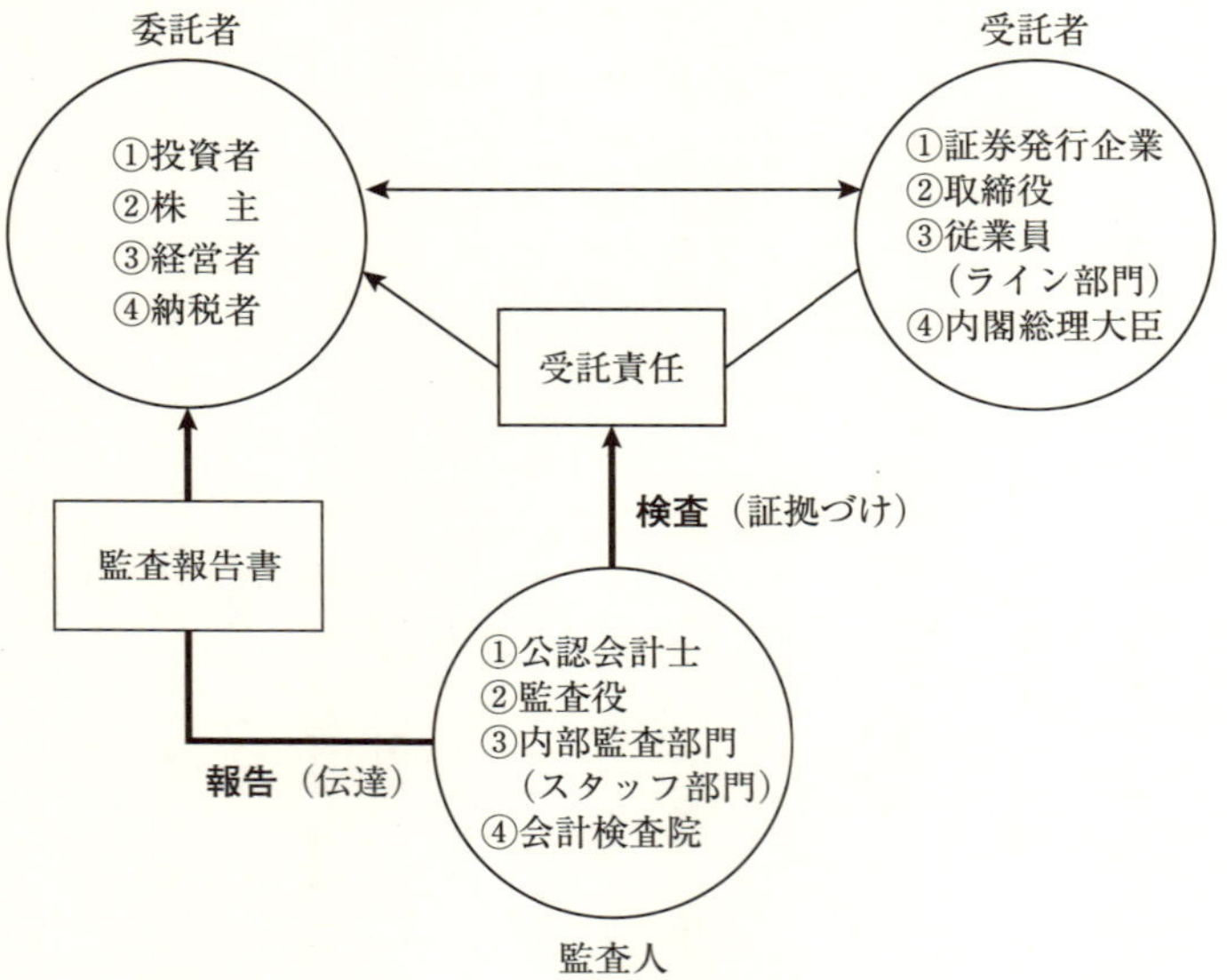

これが主たる理由であると推察されるが、「行為の監査」に関与することで負うことになる監査責任の増大を嫌ったと考えられる。しかし、もう1つ背景がある。それは、連邦証券諸法（1933年証券法と1934年証券取引所法）が制定される前、アメリカでは金融市場において借り手企業が金融機関（銀行）に対して、財務表（貸借対照表）に監査証明書を添付するという慣行があったからである。銀行は融資に伴って負いかねない信用リスクの程度を査定するために——信用リスクを引

第 12 図　1930 年代までみられたアメリカの信用監査の構造

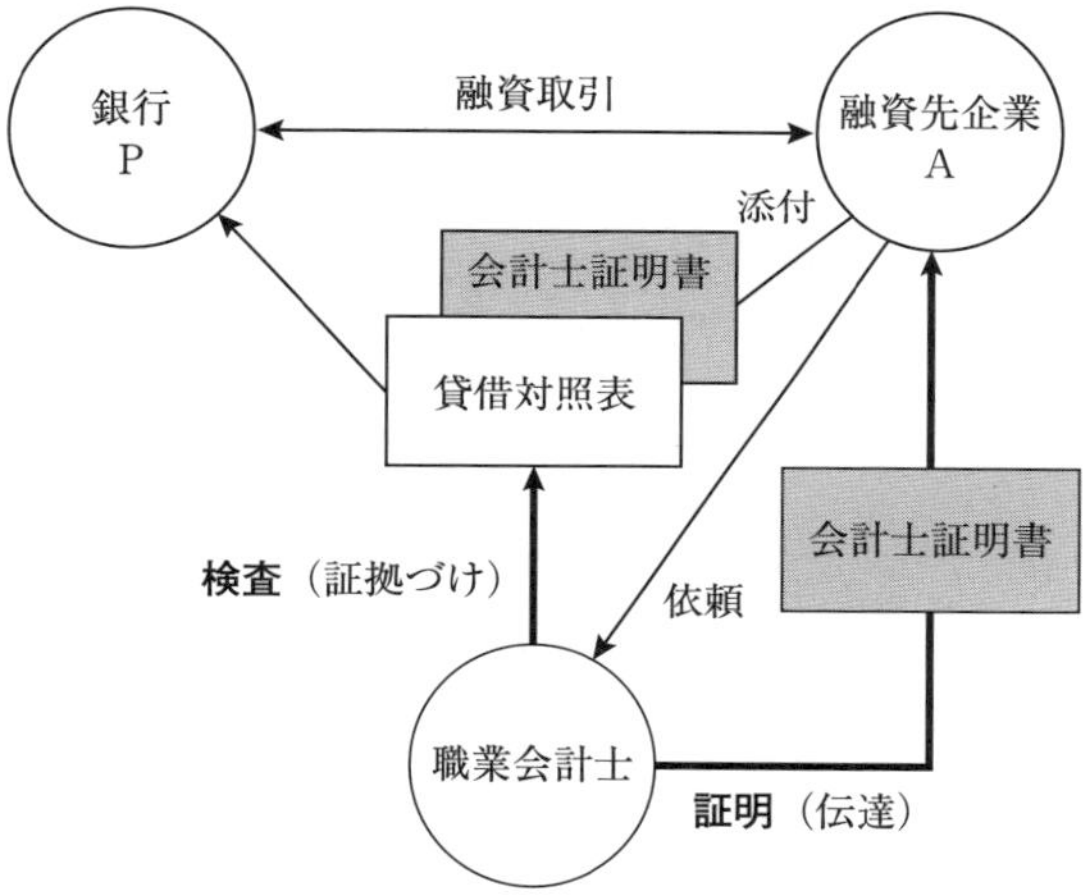

き下げるために――、融資先に対して監査証明済貸借対照表の提出を求めた。Pは銀行、Aは融資先企業（借り手）である。ここのPとAの間の関係を、エージェンシー理論で捉えることは可能と思われるが、重要なことは、両者の間には委託受託関係は成立していないということである。銀行の関心は、融資先企業の提出する貸借対照表について信頼性の保証を得ることにあり、それ以上の保証を監査人に求めるものではない。換言すれば、その当時の銀行と融資先企業との間の関係は、まさしく金融市場における融資取引であり、それにとどまるものであった（第12図）。

監査の依頼人は、当然のことながら、

借り手の企業であり、監査人に対して、銀行に提出される貸借対照表が正確であることを証明してもらうためであった。当時の監査実務において「監査証明書」（Auditors' Certificate）という名称が使用されていたのは、その意味では誤りではなく、その当時の監査依頼者のニーズに応えたものであったと思われる。そして、企業が借り入れをする際、企業が財務表（貸借対照表）の表示について〝お墨付き〟を職業会計士に求め、一方、職業会計士はかかる要請を踏まえて「監査証明書」という用語を使っていたのである。このような背景のもとでなされた財務表の監査は、純粋に「言明の監査」と呼びうるものであった。

金融市場を背景に銀行と融資先企業との間で生まれた貸借対照表監査は、監査としては極めて特異なものであった。ある監査史研究（千代田1984年・2008年）によれば、1900～1920年代にはすでにアメリカにおいて、株主のための財務諸表監査は行われており、監査の主題を貸借対照表に限定した監査は、主として非上場会社（中小企業）の経営者によって利用されていた。しかし、われわれが注目するのは、そこではない。言明の監査の態様には、この貸借対照表監査のように、純粋に言明の信頼性の保証だけに関与し、監査という行為が歴史的に有してきたそれ以外の側面を、完全に捨象した監査があったことである。現在でも、この種の監査はあり得る。わが国で「信用監査」・「貸借対照表監査」と広く紹介されているアメリカの1900～1920年代にかけて行われていた上記の会計士業務には、〝監査〟という用語が付されているものの、「監査」と呼んでよいか、大いに疑問である。厳密には、（今日流の用語を使えば）、「証明業務」ないし「保証業務」と称すべきであろう。

すでにお気づきのように、新規上場企業の場合には、この状況が最初だけ起こり得る。初めて株式等を市場において発行または売り出そうとしている企業と、その株式等への投資を考えている者（投資家ではあるが、まだ株主という地位は得ていない）との間の関係は、まさに、融資を求めている企業と銀行との関係と同じである。

しかし、当該株式への投資を決定し必要な金額を払い込んだ瞬間、状況は一変する。その投資家は投資先企業の株式所有者としての地位（株主）を得、それゆえ、投資先企業の経営者に対して受託責任の誠実な履行を求めるようになる。株主（委託者）と会社（受託者）、会社（委託者）と経営者（受託者）との間に、二重の委託受託関係が成立し、投資先企業そして会社の受託者である経営者（株式会社の代表取締役社長）が負っている受託責任が誠実に遂行されているかを、モニターする必要が生じるからである。これが「監査に対する資本の論理」である。なお、二重の委託受託関係については、第9章において――とりわけ第18図――詳説している。

§4　資本市場においてなされる取引（証券取引）関係

資本市場（証券市場）の参加者が有している利害は多様で、単純ではない。単純に超短期的な株価の値上がりを求める投資家、株主としての地位を利用して経営に対する発言を強めることによる株価の値上がりとガバナンスへの積極的な関与を求める投資家、長期的な視点から投資先企業の成長期待による運用利益の増大を求める投資家、あるいは取引上の関係の維持を求める投資家等、株式投資を通じての資本市場への参加といっても、その態様はさまざまである。

資本と経営の分離された上場企業の経営者に対するモニターは、最終的には、代表取締役の選定と解職という経営者人事（監督）に収斂する。投資先企業に対してさまざまな利害を有する投資家が、投資先企業の監査に対して有する共通の関心は、経営者がその受託責任を誠実に、適切に遂行しているかどうかに対するモニターであろう。このモニターのすべてに監査が関与するわけではないが、監査は、監査人が取締役の受託責任の遂行状況を現場に赴いて自ら確かめ、評価し、その結果を株主総会の構成員あるいは取締役会の構成員に伝えることで終結する。株主総会または取締役会は、監査人からの報告を受けて、自らの監督機能を果たす。監査は、本来的には、株主総会と会社の監督機関（取締役会）が行う業務執行機関の人事決定に資するという役割（ガバナンスとの関係）と、上場会社の場合には、市場が株式価値の評価に際して少しずつ織り込んできた投資先企業の財務状況が、最終的に財務諸表の表現した財務状況と大きく異なるものではないことに対して、職業専門家として合理的な保証を提供するという役割（マーケットとの関係）を果たしている。

いかなる監査主体が経営者の受託責任のいかなる部分の監査（評価と報告）に関与するかは別として、資本市場において期待される監査は、基本的には、受託責任監査である。たとえ財務諸表監査であっても、純粋な「言明の監査」としての財務諸表監査だけでは、資本市場において求められる財務諸表監査としては不十分なのである。資本市場において求められる財務諸表監査は、言明の監査と行為の監査の両面を、そこでの程度は別として、併せ持った統合型である必要がある。

アメリカの連邦証券諸法とSarbanes-Oxley Act of 2002（以下、ＳＯＸ法という。）のもとで現在行われている財務諸表監査は、全体としてこの両面を備えている。ＳＥＣは、相当早い段階から統合型の財務諸表監査を模索し始めていたが、すでに言及したように、アメリカの監査プロフェッションは、財務諸表監査を純粋な「言明の監査」の枠組みのなかに抑え込もうとした。現在の財務諸表監査の姿は、統合型の財務諸表監査の態様としての最終段階[3]にはないが、現在の姿に辿りつくのに、アメリカではおよそ70年の年月を要した。言明の監査の枠組みを純粋な形で維持することが次第にできなくなったのである。「期待のギャップ」――職業監査人が引き受けている役割と社会の人々（株主）が彼らに期待している役割との間のずれ――が関係者の間で認識され始めたからである。なお、わが国は、アメリカの場合とはまったく異なる監査の展開をみた。この点については、第8章において取り上げることとする。

財務諸表監査は、財務諸表という財務情報を監査の主題とする監査であるが、これを単なる情報の監査（言明の監査）と理解してはならない。経営者の受託責任を視野に入れた、統合型の総合的企業監査として理解する必要がある。

§5 総 括

本書は、監査の生成基盤を委託受託関係に求め、その関係に基づいて受託者が委託者に対して負っている受託責任を、その関係には関係していない第三者（監査人）が実質的に解除するという機能を、監査の本質的機能と捉えている。

われわれの社会のさまざまな局面においてみることのできる監査は、そこに付せられた名称の違いは別として、いずれも、**受託責任監査**という本質を有している。この本質を直視せず、監査を取り巻く環境に適応

3 統合型の財務諸表監査の最終段階とは、監査理論のうえでは、財務諸表の適正表示について監査意見を表明するなかで、財務諸表の信頼性の保証、経営者の誠実性の保証、内部統制の有効性の保証、そして被監査会社が継続的事業担当能力を有していることについての保証を行う財務諸表監査の型をいう。

させることを優先し監査を捉えようとすると、その場凌ぎで監査が議論され、その結果、監査の本質からかけ離れた〝監査観〟や監査に対する〝突拍子もない〟性格づけが次第にまかりとおることになる。

ただ、企業社会の変化は、委託受託関係からは説明の難しい監査実務を生み出したことは確かである。すなわち、ある経済的取引を開始してよいかどうかの判断を行うために、当該経済的取引――貸付（借入）――を構成する一方の当事者（銀行）が他方の当事者（融資を求めている企業）に対して、融資条件の1つとして**信頼性の確かめられた**情報を求めるという実務慣行が、アメリカの19世紀末頃から20世紀20年代にかけて、とりわけ中小企業に関連して広まった。純粋に言明――この場合には貸借対照表であるが――の信頼性だけを確かめる（**証明する**）ことを目的にした監査が、借り手側の求めに応ずる形で誕生した。いわゆる「信用監査」――審査情報として貸借対照表が求められたところから「貸借対照表監査」とも呼ばれていた――である。その意味では、**監査済**貸借対照表ではなく、〝**証明済**貸借対照表〟と呼ぶべきであろう。事実、当時のアメリカでは「職業会計士の証明書」（Accountants' Certificate）なる表現が使用されていた。また、それに比べると若干精緻さに欠けるが「監査証明書」（Auditors' Certificate）なる表現も当時の会計士に好まれて使用されていた。この実務は、第1章で説明したとおりである。

新規上場企業が市場に向かって初めて投資を募る（ＩＰＯ：Initial Public Offerings）ため

に公表する財務書類に記載された財務諸表について、現在、職業会計士による監査が求められているが、これも本質的には純粋な「言明の監査」とみなすことができる。ただ、この場合には、金融機関の場合と異なり、投資に応じた投資家は「株主」という地位を得ることになるので、その場合には、委託受託関係が成立したことになる。当該新規上場企業が上場後初めて受けることになる財務諸表監査は、受託責任監査という本質を帯びることとなる。

このように、言明の監査の生成基盤をつぶさに検討していくと、「信用監査」のような状況も他にあるかもしれない。次章において詳細に考察するように、受託責任のなかに「説明責任／報告責任」(accountability) が包摂《ほうせつ》されているが、「財産の保全」は受託責任監査を構成する本質的要素であるので、「信用監査」あるいはそれに準ずる監査は、純粋な「言明の監査」として位置づけることにする。

第6章　経営者の受託責任

これまで学問的に深い考察を必ずしも十分に受けてこなかった、あるいは、その存在は認識されつつも真正面からなかなか考究されることが少なかった、しかし経営・会計・監査の領域において極めて本質的な概念が、ここ1、2年の間に、突如、注目を浴び、すでに十分にわかり切った言葉のように使われ始めた。スチュワードシップという概念である。

この概念に学術的に深く迫ろうとした論考は極めて少ない。社会科学の学問的な面白さの1つは、その意味や社会的な役割が、新しい時代のなかで、新しい衣装を身に纏って、再び表れることであろう。概念が、時代の変化を受けて、再解明（re-explication）されるのである。

受託責任は、本質的には、財産の経営を任された受託者が、財産の委託者に対して負っている当該財産の保全管理責任に帰着する。会計帳簿は、元来、受託した財産を保全するという目的を達成するために作成されたものである。受託者が委託された財産を正しく保全管理していることを自ら明らかにする手段（管理会計との接点）として、そしてそのことを委託者に申し開きする手段（財務会計との接点）として、会計帳簿は誕生した。われわれは、会計の原点は伝達や報告ではなく、むしろこの財産の管理そのものにある、と考えている。財務諸表監査の現代的な意義を「財務諸表の信頼性の保証」に求め、そのことをいかに強調しても、「財産不正」との関係を断ち切ることができないのは、会計（あるいは会計帳簿）が財産管理に深く根ざしているからにほかならない。財務諸表監査を「情報の監査」――「言明の監査」――として限定的に理解しようとしても、それは財務諸表監査を実施する職業会計士の立場であって、株主（出資者）の立場を十分に踏まえたものではない。職業会計士と社会の人々（株主）との間の「期待ギャップ」は、財産の保全管理に果たす会計の本源的役割を軽視したことによって引き起こされた部分が非常に大きい、と理解する必要がある。会計の歴史を、その出来事の推移からみるのではなく、時代がいかに変化しようとも、その根底に流れる本質を見極めることが肝要である。

読者諸氏のなかには、「遠き昔の会計の機能を現代会計に適用していかなる意味があるの？」・「時代錯誤も甚だしい！」と思われる方もおられると思う。われわれは、昔の会計機能――受託責任――をそのまま現代の会計機能――受託責任――に投影すべきことを主張しているのではない。受託責任の意味を、現代社会（現代の株式会社や市場による評価に晒される上場会社）に引き直して再解明する必要がある、と主張しているのである。

会計人[1]は、ともすると、会計機能を、会計という行為を実施する者が負っている**報告責任**（accountability：会計責任）という概念に強く結びつけて考え、理解する傾向がある。もちろん誤りではないが、その理解だけでは会計の有する本源的機能（財産の保全管理機能）が正面から捕捉されず、脇に置かれ、その結果、会計の有する報告――あるいは伝達――の側面だけがことさら強調されることになる。その結果、財産の保全管理機能が、会計の伝統的な枠組み（財務会計・管理会計・監査）を説明する会計のテキストにおいて積極的に扱われることはほとんどなく、もしあったとしても、財産の保全管理機能の失敗を意味する「財産不正」が、内部監査の領域では従業員との関係において、財務諸表監査に至っては、財務諸表監査の目的との関係や監査人の責任との関係において消極的に説明されるにとどまっていた。株主に対する受託責任との関係で——とりわけ受託者（経営者）が負っている財産の保全管理機能との関係で——、財務諸表監査に正面から切り込んだ書物は、われわれの記憶にない。

§1　受託責任概念の現代的意義

株式会社の経営者が負っている受託責任といっても、受託責任の内容と受託責任の遂行に対するモニターは、当該株式会社が上場会社であるか否かによって異なる。ここでは上場会社における経営者の受託責任を取り上げ、必要に応じて非上場会社の場合について言及することにする。基本的には、大きな違いはない。

1　ここにいう「会計人《じん》」（accountants）とは、会計に身を置いている人々の総称である。職業会計士だけでなく、企業内の会計業務担当者、会計の教育・研究に従事している大学教員や簿記会計教育に従事している高校教員、さらには大学・高校で会計科目を履修している学生などである。

受託責任とは、受託者たる経営者（代表取締役社長）が委託者に対して負っている、委託受託関係を基礎にして生ずる出資財産にかかる経営責任（managerial responsibility on stewardship）を総称する概念である。「受託責任とは、経営（者）責任をいうのですか？」と問われれば、〝基本的にはYES〟と答えてよいであろう。「基本的には」という言葉を添えているのは、本書で強調する受託責任は「出資財産の経営にかかる委託受託関係」（stewardship）に基づくもの、と限定的に捉えているからである。したがって、従業員からの労働（一種の無形の財産）に関して、提供側の従業員とそれを利用する企業の経営者との間の関係を委託受託関係と捉え、そこに、当該労働を適切に、効率的に使用することに対する責任を受託責任と広義に理解することも可能ではあるが、本書では、それを受託責任としては理解していない。

問題は、受託責任の意味内容である。受託責任は次の2つの下位概念から構成される統合概念である（第13図）。特定の監査において、いずれがどの程度強調されるかは、当該監査に与えられている制度上あるいは組織上の目的、および実際に監査に従事する監査人の特性によって異なる。具体的な監査人に関係づけた説明は、第8～10章において行うことにする。

第13図　受託責任概念の枠組み

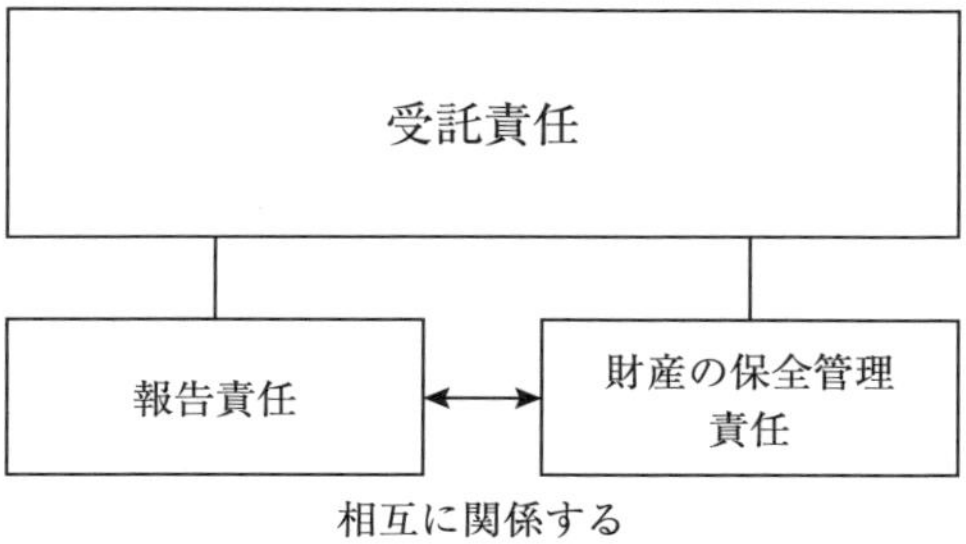

§2　報告責任

報告責任（会計責任）とは「説明する責任」、「申し開きをする責任」であり、言葉の意味としては単純であるが、何を報告（説明）するかによって、その実際の意味は多様化する。ここでは、以下の5つを、できる限り個別に識別することにする。

①受託した財産を運用（費消）した結果、いかなる業績が達成され、また財産がどのように増減したかについて、その顚末を委託者に報告すること。

②受託した財産をいかに有効に、そして効率的に運用（費消）したかについて、その状況を委託者に報告すること。

③受託した財産がどのように保全されていたかについて、その状況を委託者に報告すること。

④財産の運用（費消）が会社の定めた方針や手続に準拠して行われたことについて、その

状況を委託者に報告すること。

⑤財産の運用（費消）が法令に準拠して行われたことについて、その状況を委託者に報告すること。

いかなる内容の報告が行われるかは、基本的には、委託受託関係の在り様によって決められることであろう。しかし、現実には、報告内容は①が中心であり、時代の経過とともに、②についての報告も追加されるようになった。①を遂行する手段として会計――とりわけ会計帳簿と決算書（財務諸表）――が利用され、歴史的な変遷を辿れば、収支計算書→貸借対照表→損益勘定（損益計算書）→資金計算書へと、また、個別財務諸表→連結財務諸表へと報告内容も充実してきた。

イギリスの場合には、１８４４年の会社法（登記法）のなかで、取締役の報告責任の範囲が明示されたが、アメリカでは、イギリスの場合と若干異なり、法による規制という側面よりも、自由市場を利用する際の関係者のニーズとして、財務諸表が利用されたという側面が強い。わが国の場合には、明治23年の旧商法が制定される前に、取締役から株主に対する会計報告と業務報告が、株式会社自治の一環として行われていたことは注目に値する。たとえば、前述の銚子瀛船會社のケースである。

しかし、財務にかかる報告責任の確立には、やはり法による義務づけが不可欠であった。

イギリス資本を背景にアメリカに上陸した株式会社はともかく、アメリカ国内で興隆した株式会社の経営者にとって、財務内容を株主に開示することさえ、大問題であった。そしてアメリカの場合には、上場会社の経営者の報告責任についての認識を変えさせるには、連邦証券諸法――1933年有価証券法と1934年証券取引所法――が必要であった。戦後のわが国における上場会社による財務報告の変遷の過程をみても、そこに法（商法や証券取引法）が介在しなければ、報告責任に対する経営者の理解が得られるには、今まで以上の時間がかかったのではないか、と推察される。読者諸氏のなかには、法が介在した場合でも、財務報告の拡大を図ることが、いかに困難であったかを実感した方もおられるであろう。経営者による報告責任の認識に、法が果たした役割は、英米であろうと、わが国の場合であろうと、決定的に重要であった。

報告責任（会計責任）を果たすということは、原理的には、財産の運用（費消）にかかる受託者の行為――業務と称してよいであろう――全般に及ぶものであるが、取締役がその報告責任を①から⑤のすべてにわたって積極的に果たすということは、全体として、みられなかったといえるのではないだろうか。セグメント情報は財務諸表の情報量を補足する形で公表されているが、これはとりわけ②に資するものと理解される。③については、わが国では「財産目録」という報告書が存在していたが、貸借対照表の情報量と異なるところがないため、廃止されるに至った。一方、有価証券報告書における「設備の状況」は③に関係していると理解できる。日米で実施されている内部統制報告書は、その内容に濃淡はあるものの、基本的には、上記の目的のすべてに関係する経営者の報告責任を反映したものであろう。

ただ現在では、**事業報告**（business reporting）——会社法上の事業報告に限定されるものではない——の重要性が高まり、それに対する経営者の認識も一段と強まっている。基本的には、事業報告は、②、③、④、⑤を（少しずつ）取り込み、さらには、企業活動と環境との関係、企業活動と従業員との関係といった領域にも拡大しつつある。財務諸表を中心に置いた財務報告（financial reporting）と非財務報告（事業報告）という2領域が、現代企業——とりわけ上場会社——の経営者が負っている報告責任全体に深く関係している。両者の関係は、それぞれの独自性を尊重した並記型から、おそらくは前者に後者を融合させた、本来の意味での統合型に移行していくように予想される。言明の監査に対する考え方も、異なる保証水準の統合という新たな挑戦を受けるかもしれない。

§3　財産の保全管理責任

財産の保全管理責任（custodial responsibility）については、歴史的には、受託者が会計帳簿——とりわけ補助簿——を整備することによって果たしてきた。会計帳簿の元来の目的には、委託者への報告責任という観点よりも、むしろ財産そのものをまず保全管理するという、今日的にいえば、管理会計目的に資するためであった、と考えられる。

財産の保全管理責任についても、財産の保全管理の内容をどのように理解するかによって、その意味内容は異なる。常識的に考えれば、財産の保全管理は、やはり「不正からの保全」であろう。もちろん、この場合の「不正」とは、横領・私消・使い込み・流用である。すでに紹介した中世のギルドにおいて行われた監査の監査人は、ギルド理事による居酒屋における飲食のための支出を否認した監査報告を行っている。

財産の保全管理は、財産を何から保全する／保護するかという視点から、さまざまな内容に分けることができる。現代的には、消極的な意味での財産保全と積極的な意味での財産保全とがある、と捉えることができる。

①消極的な意味での財産の保全
(a)盗難・紛失・災害から保全する
(b)不正（財産不正：横領・私消・使い込み・流用）から保全する
(c)手続上の誤謬から保全する
(d)未承認または不承認の取引から保全する
(e)法令違反から保全する
(f)無駄から保全する

(g)非効率な業務や経営から保全する

②積極的な意味での財産の保全

(h)企業の市場価値の増大／最大化を図る

上で列挙した財産の保全の内容を一瞥《べっ》すると、そのなかには、前述した「報告責任」――厳密には、会計帳簿――と直接関係しているものと、会計とは関係しないものがあることがわかる。たとえば(b)や(c)は会計帳簿に直接関係しているといえるであろうが、残りの(a)、(d)、(e)、(f)、(g)、そして(h)は会計帳簿と関係を有しない。

いずれにしても、受託者は委託された財産を適切に保全・管理し、その結果を委託者に報告する責任を負っている。受託責任を全うするということは、受託した財産に関して、2つの内容の異なる責任を果たすということを意味しているのである。

Rosenfield（1974, pp.123-140）は、stewardshipがさまざまな意味で使われていることを、具体的に説明している。最も狭義の理解は、stewardship ＝ accountabilityと捉え、互換的に使われている場合である。この場合には、財産の保全こそ明示的には捉えられていないが、財産の保全の意味(b)を会計帳簿に結びつけて狭義に捉えた場合には、財産の保全はaccountabilityのなかに包含され、その結果、stewardshipをaccountabilityと同義とする理解が成り立つ。しかし、この理解は現代の文脈からすると、適切ではない。

会計責任概念の内容が拡大しつつあること、また、財産保全の意味にさまざまなレベルがあることを考えれば、受託責任、報告責任、そして財産の保全管理責任は、それぞれ別個の概念として理解すべきであろう。

§4 総括

受託者は、委託者に対して負っている受託責任を遂行するために、事業体内部に、さまざまな制度、組織、情報システム、各種手続や規程、管理手法等を導入し、報告責任と保全管理責任を有効な形で、また効率的な形で果たすことが期待されている。もとより、いかなる仕組みを整備し、どのように運用するかは、当該事業体によって異なり、また、経営者（代表取締役社長）の考え方次第である。一般的にいえば、上場会社のビジネス・モデルの多様性・複雑性、事業規模、国際的展開、そして当該事業体の利害関係者（ステークホルダー）を考えれば、営利企業である株式会社の経営者が負っている受託責任が、さまざまな意味で最も複雑であろう。内部的には数多くの従業員を擁しながら、外部的には利害関係者による経営に対するさまざまな監視を受け、経営的には当該企業を取り巻く環境の変化に対応しながら、受託責任を全うしなければならないからである。

経営者は、企業組織内に導入（整備）したさまざまな経営管理に役立つ仕組みが、自身の経営目標の達成に向けて適切に――有効かつ効率的に――機能していることを保証するもう1つの仕組みを必要とする。たとえば情報システムを例にした場合、情報システムが組織内に構築されただけでは不十分であり、それらが①整備されていること、②適切に運用されていること、そして最後に、③そのことが自分に対して合理的な水準で保証されることが必要である。あるいは、法令遵守を経営目標の1つとして設定した場合でも、法令遵守が業務活動のなかで遵守されていることを経営者自身に保証する仕組みが必要である。

受託者は、その受託責任を――具体的には、報告責任と財産の保全管理責任――をどのように適切に遂行するのであろうか。その答えが、次章で扱う内部統制である。

第7章　経営者の受託責任と内部統制

株式会社や公益財団法人等で、さまざまな不祥事が跡を絶たない。金融商品取引法や会社法の制定を契機に、内部統制に対する企業等の関心が高まり、「内部統制フィーバー」と呼ばれた時期もあったのに、会社を変え内容を変えて起こる一連の不祥事は、内部統制がやはり流行熱であり、わが国の企業やその他の事業体に必ずしも十分に根づいていないことを物語っている。最大の原因は、内部統制を支える根幹である「統制環境」（ガバナンス）が、しっかり確立していないことにある。その責任は、企業組織の長である代表取締役社長や公益財団法人の長である理事長に帰着する。

確かに内部統制（internal control）という用語は市民権を得た。しかし、団体運営における意義、企業経営における意義、業務管理における意義が経営トップから現場末端にいたるすべての者に、必ずしも十分に認識されておらず、その意味では依然として借り物なのである。上場会社の場合には、内部統制〔報告書〕監査の導入によって、いわば否応なしに内部統制への対応が図られたという側面が強いため、内部統制は公認会計士監査との関係において必要である、との偏った認識が広まり、内部統制本来の重要性と意義が軽視されている可能性がある。

内部統制は、経営者が負っている委託者に対する受託責任を適切に、そして有効に果たす手段である。内部統制を適切に整備・運用することによって得られる恩恵の最大の享受者は、ほかならぬ経営者自身である。内部統制に対して最終的に責任を負う者は、経営者である。内部統制は経営者を守り、経営者のためのものであり――それが適切に有効に整備・運用されていればであるが――、けっして公認会計士や監査役のためにあるのではない。

このこと自体はわかり切ったことではあるが、内部統制は経営者の行動に一定の枠を嵌《は》め、また経営者自身をモニターするという機能も有するため、さらに、内部統制の整備と適切な運用にはコストが伴うだけで、企業や組織体の業績に直接貢献するものではないため、どうしてもそれへの関心が薄くなり、後回しになってしまうのである。内部統制に対する経営者の油断が、時に、大きな社会的な不祥事や取り返しのつかない事故を引き起こしてしまうのである。

§1 新しい内部統制の定義

内部統制なる概念に現代的な意味を吹き込んだものが、すでに多くの読者の耳目を集めた『COSO報告書』(Committee of Sponsoring Organizations of the Treadway Commission. 1992)である。『COSO報告書』は、内部統制を以下のように定義した。すでにお馴染みの定義であるが、議論のスタートとして紹介しておきたい。

内部統制とは、以下の範疇に分けられる目的の達成に関して、合理的な保証を提供することを意図した、事業体の取締役会、最高経営責任者、およびその他の人々によって遂行されるプロセスである。

・業務の有効性と効率性
・財務報告の信頼性
・関連法規の遵守

内部統制を構成する要素は、以下の5つである。

・統制環境（control environment）
・リスクの評価（risk assessment）
・統制活動（control activities）
・情報と伝達（information and communication）
・監視活動（monitoring）

厳密にいえば、前段が定義で、後段はその補足説明と理解できないこともないが、われわれは、後段がなければ『ＣＯＳＯ報告書』の示した定義は、現実の企業社会やその他の事業組織において、ほとんど意味がない、あるいは普及しなかった、と考えている。換言すれば、後段が与えられて初めて、『COSO報告書』の定義は現実的価値を有するようになった、と考えている。本書では、前段と後段が相まって、内部統制の定義を構成している、と理解している。第14図は内部統制の構成要素間の関係を示したものである。第15図は、第14図を受けて、内部統制の定義あるいは内部統制の枠組みを図示したものと理解することができる。すでにお馴染みの図ではあるが、新しい内部統制観を表現した重要な図であるので、紹介することにする。

『COSO報告書』は、内部統制について、従来のそれと大きく異なる見方を示した。内部統制についてのパラダイムが変わった瞬間であった。そのため、新しい意味での内部統制をわが国の企業社会に導入するには、株式会社における内部統制の立てつけに関して相当の議論が必要となった。

現在の株式会社社会を俯瞰するに、新たな内部統制の考え方に対する理解が、わが国の企業社会の構成員に十分に根づいていないことを示唆する出来事（不祥事）が、増え始めたようにも思われる。このことは、内部統制の整備状況と運用状況は絶えず（継続的に）見直さなければならないことを物語っている。以下では、その重要なところを4点に限って、可能な限り簡潔に説明することにする。

第 14 図　内部統制の構成要素と相互関係（COSO 概念図）

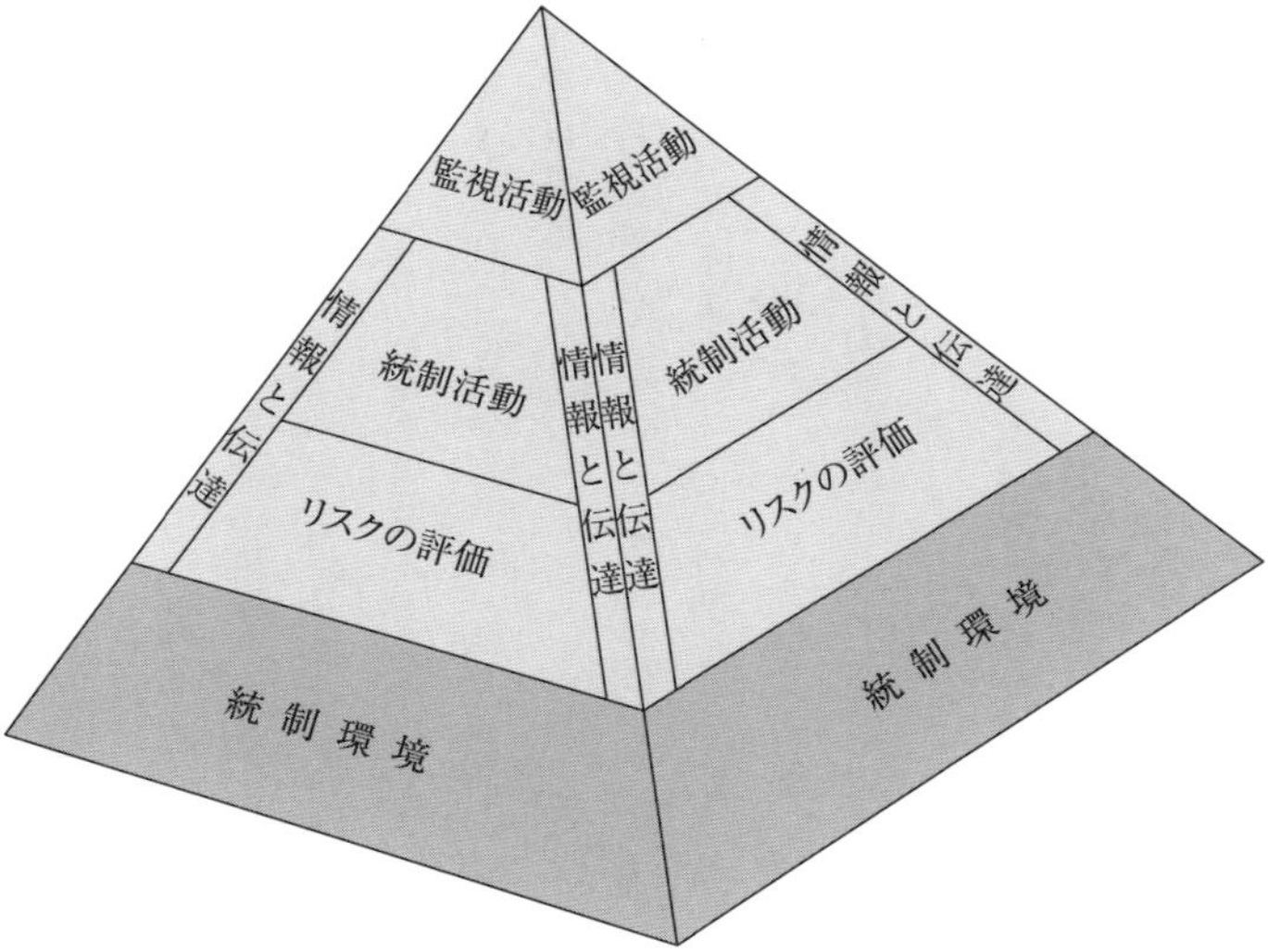

第 15 図　内部統制のフレームワーク（COSO 概念図）

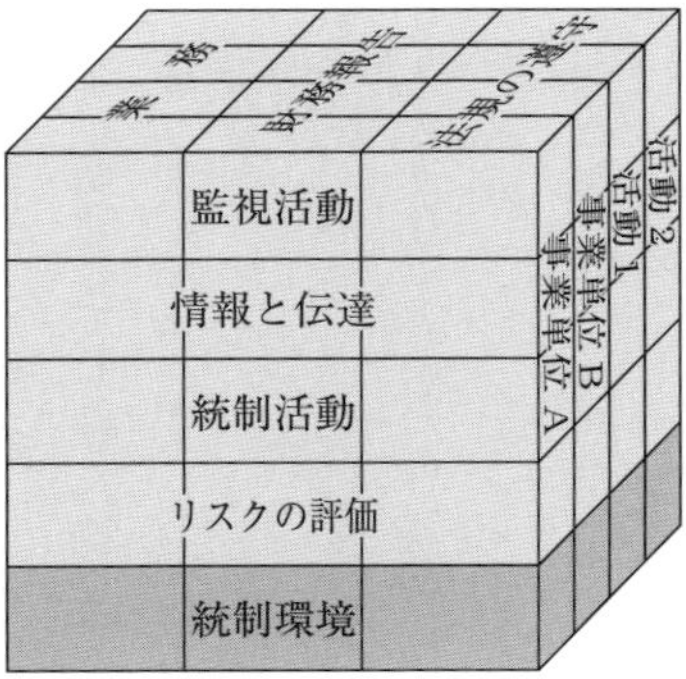

§2　内部統制をプロセスとして捉えていること

内部統制については、『COSO報告書』が公表されるまで、「内部統制制度」・「内部統制組織」・「総合管理用具としての組織・方法を総称するもの」といった説明が広くなされてきた。これらの説明自体けっして誤りではないが、それは内部統制が有している意味の一部を説明するにとどまり、その意味で不完全である。また、内部統制に関連してしばしば言及される**内部牽制**（internal check）は、内部統制の機能を支える重要な要素であるが、内部統制と同義ではない。

『COSO報告書』が示した内部統制についての新たな捉え方は、第1に、その定義において示されているように、内部統制をもって、それを遂行する人／遂行に責任を負う者の行動（a process）と捉えた。こうした捉え方は、内部統制を単なる「仕組み」・「手続」・「手段」として捉える従来の内部統制観とは一線を画すものである。同報告書は、内部統制を、企業や事業体において実際に遂行する責任者の行動として捉えた。そのことを『COSO報告書』は「**プロセス**」という表現で表している。このことは、読者諸氏には十分に納得できることであろう。内部統制は整備するだけではその目的を実現することはできず、適切に運用されて初めて企業経営において意味あるものとなるからである。

§3　内部統制を株主の立場から捉えていること

第2は、内部統制そのものを捉える視点を経営者ではなく、株主に置いていることである。従業員の行う業務の在り方を経営者の視点からみる従来の内部統制観とは一線を画す。今日的にいえば、コーポレート・ガバナンスの機能状況――たとえば取締役会や監査委員会の機能状況――を内部統制の枠組みのなかに取り込むという考え方を示した（第16図）。

しかし、この考え方は、従来の内部統制観（第17図）に慣れ親しんできた企業人には、なかなか理解できない、場合によって反発を招きかねないものであった。事実、われわれも、新たな内部統制をわが国に移入しようとする啓蒙の段階で、この反発に遭遇した。「もの」・「こと」を捉える視点を変えること、動かすことがいかに難しいかを思い知ることとなった。

後述するが、「統制環境」が、内部統制の枠組みのなかにコーポレート・ガバナンスを取り込んだ内部統制の構成要素である。定義のなかに、「取締役会、……」の記述があることに注意されたい。『COSO報告書』は、アメリカ企業のコーポレート・ガバナンスを前提にしているので、この部分に日本企業のコーポレート・ガバナンスの構造を反映させると、監査役会（監査役）の機能状況も内部統制の枠組みのなかに含まれる、ということになる。この部分が、なかなか理解されなかったところである。内部統制という用語こそ使用されて

第 16 図　コーポレート・ガバナンスと連動した内部統制（COSO の立場）

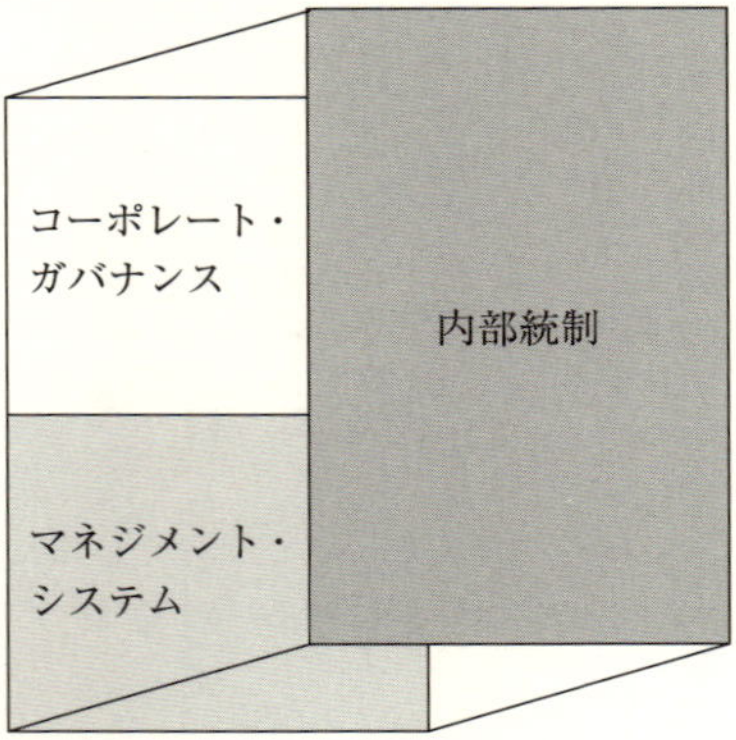

第 17 図　コーポレート・ガバナンスと切断された内部統制

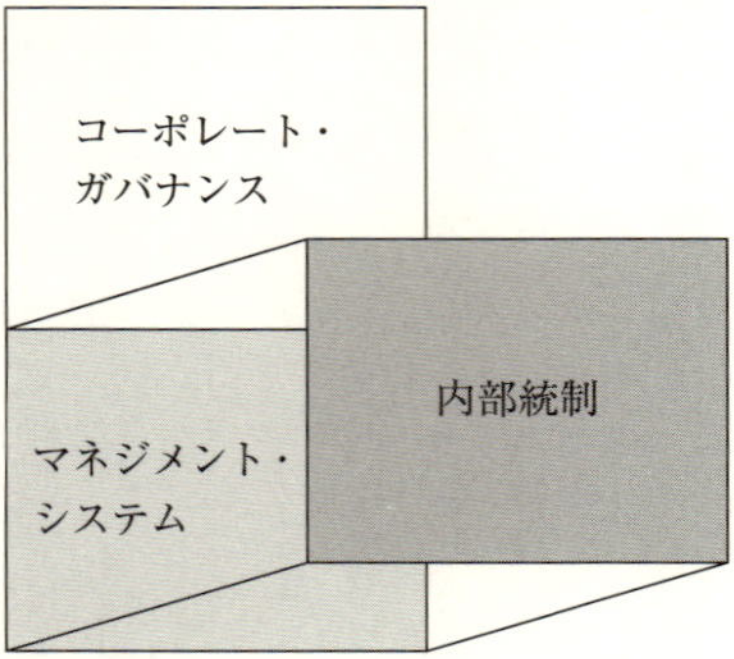

はいないが、内部統制に対する現代的な考え方は「**取締役の職務の執行が法令及び定款に適合することを確保するための体制その他株式会社の業務並びに当該株式会社及びその子会社から成る企業集団の業務の適正を確保するために必要なものとして法務省令で定める体制**」といった表現を通じて、会社法に反映されている（会社法第362条第4項6号）。そして、この会社法の規定を受けて、法務省令（会社法施行規則第100条第1項）では、

「①取締役の職務の執行に係る情報の保存及び管理に関する体制
②損失の危険の管理に関する規程その他の体制
③取締役の職務の執行が効率的に行われることを確保するための体制
④使用人の職務の執行が法令及び定款に適合することを確保するための体制
⑤当該株式会社並びにその親会社及び子会社から成る企業集団における業務の適正を確保するための体制」

が定められ、監査役設置会社にあっては、さらに、

「①監査役がその職務を補助すべき使用人を置くことを求めた場合における当該使用人に関する事項
②当該使用人の取締役からの独立性に関する事項
③監査役の使用人に対する指示の実効性の確保に関する事項
④監査役への報告に関する体制

⑤報告をした者が当該報告をしたことを理由として不利な取扱いを受けないことを確保するための体制
⑥監査役の職務の執行について生ずる費用の前払又は償還の手続その他の当該職務の執行について生ずる費用又は債務の処理に係る方針に関する事項
⑦その他監査役の監査が実効的に行われることを確保するための体制」（会社法施行規則第100条第3項）

が定められている。

ここに、コーポレート・ガバナンス――「統制環境」――を取り込んだ内部統制の枠組みが、会社法に反映されたことにより、従業員の業務を監視する手段としての、経営者の視点に立った従来の内部統制観が、コーポレート・ガバナンスを構成する代表取締役・取締役会・監査役それぞれの機能状況を監視する手段として、株主の視点に立った新たな内部統制観に大きく変容を遂げることとなった。

§4　内部統制の目的を識別していること

『COSO報告書』は、内部統制の目的として、①業務の有効性と効率性、②財務報告の信頼性、そして③法規の遵守を明示的に識別するとともに、さらに、これらの目的それぞれに「財産の保全」を黙示的に関係づけている。従来の内部統制の定義に従えば、「資産を保全し、……」とあるように、内部統制の「資産保全」機能は明示的に識別されていたが、『COSO報告書』においては、上記3つの目的に含められている（第15図参照）。財産（資産）の保全管理は、受託責任において最も根源的な内容であるので、財産の保全が内部統制の各目的にどのように含められ関係しているかを説明することにする。

業務の有効性・効率性と財産の保全との関係　企業の目的の達成にあまり寄与しないあるいはマイナスの影響を与える事業（ビジネス・モデル）、企業が定めた手続に従わず承認を受けていない取引、あるいは非効率な業務の進め方や無駄の多い業務のやり方は、いずれも、企業の財産を適切に保全しているとは言い難く、また反対に、利益の獲得に大きく寄与する事業展開や効率的な業務のやり方は、企業の市場価値の増大に寄与することを通じて、企業財産の保全に積極的に貢献する。

財務報告の信頼性と財産の保全との関係　一般に公正妥当と認められる企業会計の基準に準拠した財務諸表を作成することは、経営者の受託責任の重要な一部であるが、万一経営者が粉飾決算を行い架空の利益を計上し、それに基づいて配当や役員賞与を支払ったとしよう。本来社外流出できない資金が配当金や役員賞与として使われたことは、その分、会社の財産が正しく保全されなかったことを意味する。

また、財務報告の基礎にある会社の会計帳簿の作成や管理が杜撰《ずさん》であれば、それは会社財産の保全が適切に行われず、財産不正（横領等）の温床となっている可能性が高い。とりわけ、補助簿の管理は財産の保全を進めるうえでの要諦である。

法規の遵守と財産の保全との関係　法規を遵守することと財産の保全とは、一見、結びつかないように思われるかもしれない。しかし、最近報道された大手ゼネコンの談合事件のように、独占禁止法違反が認定されると、巨額な課徴金が課せられることになりかねない。巨額の財産が、会社の目的とは無関係に、一方的に社外流出する。これを引き起こした原因は会社による法令違反である。

以上のように、「財産の保全」という目的は、明示的に識別された3つの目的それぞれに含まれていることがわかる。まさに、コインの表と裏の関係にある。受託責任の本源的な意味が受託した財産の保全管理にあることを踏まえれば、財産の保全という用語の現代的な意味を模索することにより、『COSO報告書』は「財産の保全」を内部統制との関係においてもっと前面に出して積極的に説明してもよかったように思われる。

ただ、『COSO報告書』には、1つ大きな限界がある。それは、同報告書の作成主体が会計人であったことに大きく関係している。その限界とは、内部統制が関与する報告が財務報告に限定されていることである。財務報告（その中心は財務諸表）の重要性はいうまでもないが、非財務報告（事業報告）の重要性がこれまで以上に認識され始めている。財務諸表が表現する事業体の財務実態／状況を深く理解するうえでの非財務情報の役立ちが注目されている。『COSO報告書』は、受託者の負っている報告責任を「会計報告に関係する責任」と狭く限定した。経営者（代表取締役社長）が株主に対して負っている受託責任をどのように遂行しているかを判断するには、財務報告と非財務報告（事業報告）の双方が不可欠である。また、そう遠くない将来において、財務報告と非財務報告が有機的に関係づけられた、その意味で文字通りの「統合報告」が実現するかもしれない。すでに言及したことであるが、統合報告の信頼性の保証は、どのように考えるべきなのであろうか。

§5　内部統制の構成要素を識別していること

『COSO報告書』が企業社会において受け入れられ、企業経営の在り方に大きな影響を与えることとなった最大の理由は、内部統制を構成する5つの要素、すなわち

・統制環境
・リスクの評価

・統制活動
・情報と伝達
・監視活動

をマネジメント・プロセスから抽出し、それを内部統制の3つの目的と結びつける枠組みを示したからである（第15図）。この枠組みは、企業の内部統制をどのように評価したらよいかという、職業会計士の業務上のニーズに直接応えることを目的に構想されたものではあるが、内部統制という、優れて抽象的な概念を、実際の現場において――すなわち、職業会計士が財務諸表監査や経営コンサルティングにおいて依頼企業の内部統制を評価する際に、また経営者が自ら設定した内部統制を評価する際に――具体的に適用し活用できる内容の枠組みとして提示するものであった。

世界の数多くの主要企業だけではなく、非営利法人、さらには国や地方公共団体における経営、組織運営、そして業務管理において、『COSO報告書』は大きな役割を果たし、事実上の世界標準として認められ、今日に至っている。

なお、わが国において、『COSO報告書』における内部統制の紹介・啓蒙が開始され、すでに20年以上が経過している。また、内部統制の考え方や枠組みは、金融商品取引法のもとで制度化された内部統制報告書監査にも改変のうえ適用され、また、すでに言及したように「内部統制」という言葉こそ使用されてはいないが、会社法に導入されている。

したがって、読者諸氏も、

・内部統制とは何か
・内部統制の限界は何か
・内部統制の目的
・内部統制の構成要素

等については知悉《ちしつ》されておられるものと予想し、各構成要素についての詳細な説明は省くことにする。ただ、「統制環境」はコーポレート・ガバナンス（監査役会・監査役）、また「監視活動」は内部監査と関係しているところから、これらについては、第9章と第10章において別個に取り上げることにする。

§6 総　括

すでにおわかりのように、「内部統制はなぜ必要か」、「内部統制は何のためにあるのか」と問われれば、その答えは「**受託者が委託者に対して委託された財産に対する受託責任を適切に果たすため**」である。株式会社を例にとれば、企業の最高経営責任者（代表取締役社長）が、株主に対して受託した出資財産に対する受託責任を果たすためである。これが本質的な答えである。受託責任は、会計帳簿の作成・管理、会計情報システム、財務諸表の作成、事業報告、ディスクロージャー、資産の保全、効率的な企業経営、財産不正、法令遵守等をすべて包摂した、経営、会計、監査のすべての側面に共通項を有する上位概念として位置づけられる。これが現代社会との関係において、再解明された受託責任の意味内容である。とはいうものの、内部統制は受託責任がどのように遂行されているかをモニターする手段である、という側面は否定できない。株式会社を例にとれば、（現代的な意味の）内部統制によってモニターされるのは、受託責任を負っている株式会社の最高経営責任者（代表取締役社長）である。それゆえ、内部統制の存在は、経営者にとって、元々、心地のよい、歓迎できる存在ではないかもしれない。

であればこそ、経営者が内部統制に対して、自らどのような姿勢や態度を示すのかが、株式会社全体として非常に重要なのである。会社の社風や従業員の業務に対する姿勢や行動は、経営者が内部統制の確立に対して、どのような姿勢や行動を採るのかによって――つまり経営者の背中をみて――影響を受けるのである。このことは、株式会社にとどまらず、他のすべての組織体についてもいえることである。

非営利法人、公益財団法人、さらには監査法人等に生ずる経営の失敗、業務の失敗、あるいは監査の失敗は、それぞれの組織における内部統制に対するトップの認識と意識が十分でなかったことだけでなく、内部統制（統制環境）の改革に向けてのトップの決断と自らの行動が、社風やこれまでの行きがかり等により徹底できなかったことの帰結でもある。

第8章　公認会計士監査と経営者の受託責任

資本主義経済体制を採用している国において、職業会計士による財務諸表監査は、「一般に認められた会計原則」(アメリカ)――「一般に公正妥当と認められる企業会計の基準」(わが国)――に照らして、企業が公表する財務諸表の信頼性を保証する業務と理解されている。財務諸表は経営者の言明であるので、財務諸表監査は「言明の監査」であり、財務諸表を企業が社会(市場)に向かって提供する情報として捉えれば「情報の監査」である。財務諸表監査において監査人が提供する用役(監査用役)は、保証である。この理解に誤りはない。もちろん、財務諸表監査においても、不正(fraud)に監査人はかかわりをもつ。しかし、それは、あくまで「言明の監査」という枠組みのもとで、職業会計士が関与することのできる不正にとどまり、それは「**経営者の故意による**(**意図的な**)**財務諸表の重要な虚偽表示**」として規定される。たとえば、アメリカ公認会計士協会は、fraudという用語を財務諸表監査の枠組みのなかで使用することを嫌い、これに代わって「異常事項」(irregularities)という用語を使い、fraudの検出に職業会計士が関与し、責任を負うかのごとく理解されることのないように努めた。しかし、現在では、英米でもfraudという用語が財務諸表監査の文脈のもとでも使われており、また、わが国でも「不正」という用語が公的文書のなかで使用されている。ちなみに、法の分野では fraud は不正ではなく「詐欺」と訳される。**経営実態／会社財務の実態**を偽った会計表現なのであるから、「不正」と呼ぶよりも、「詐欺」のほうが本質を射ているかもしれない。

監査が企業経営者の受託責任にどのように、どの程度関係するのかは、監査が前提とする社会的関係と受託責任の意味内容を、どのように限定するかによって異なるであろう。第5章に従えば、「金融市場においてなされる取引（金融取引）関係」や、「資本市場においてなされる取引（証券取引）関係」における新規上場会社の発行市場を想定すれば、報告責任（会計責任）という視点から説明することは可能であっても、財産の保全管理責任という視点で捉えることは難しく、その意味で、受託責任監査とは厳密には言い難いことになる。また、職業会計士も、受託責任監査としての財務諸表監査を制度的に課されているわけではなく、また、そのための権限も報酬も得てはいない、と反論するかもしれない。

しかし、上場会社の経営者が巨額な会社財産を横領したことが明るみになれば、当該会社の財務諸表監査を引き受けた職業会計士が無傷のまま済むとは、なかなかいえないであろう。たとえ制度的にはそうであっても、財務諸表監査であれ、経営者の受託責任——この場合には財産の保全管理責任——と無関係であると、社会に向かって主張することは難しいからである。

財務諸表監査を遂行する職業会計士にとって安全な方途は、財務諸表監査を純粋な「言明の監査」と捉えるのではなく、受託責任監査という性格づけをしたうえで、経営者が会計責任と財産保全管理責任をそれぞれ遂行した状況を確かめる方途を、「監査の主題」について意見を表明するという役割のほかに、用意することであろう。

§1　公認会計士が関与できる経営者の受託責任 ――わが国（制度開始から１９７４年まで）

現行の監査基準は、内外のものを含め、受託責任監査としての財務諸表監査の性格が強調されすぎないように、あるいは前面に出ないように作成されているように思われる。受託責任監査としての財務諸表監査の性格を否定しようとしているわけではない。しかし、その場合には、stewardship をほとんど accountability と同義に――あるいは最狭義に――理解するという意味で、レトリックに負うところが多い。財務諸表は、経営者の会計責任報告書（accountability report）という本質を有しているので、財務諸表監査はその意味で会計責任監査、そして広い意味では受託責任監査の一翼を担っている、との説明ができる。こうした理解をわれわれは否定するものではないし、また、理解可能でもある。たとえば監査人の責任委員会（通称「コーエン委員会」：Cohen Commission. 1978）は、会計責任報告書の監査として財務諸表監査の在り方を模索した、と評してよいであろう。その意味では、純粋な言明の監査としての財務諸表監査を模索した、先に言及した『ＡＡＡ監査概念報告書』の監査観とは対照的であった。

経営者が負っている会社財産の保全管理責任――とりわけ誤謬と財産不正（横領）から会社財産を守ること――に、「言明の監査」に特化した財務諸表監査の枠組みのもとで、監査人が迫ることは難しい。監査人が制度的に引き受けている財務諸表監査は、あくまで「言明の監査」であり、それによる制約を著しく、または完全に受けるからである。興味あることに、このような純粋な「言明の監査」としての財務諸表監査が、われわれの知るところによれば、歴史的に2例あった。1つは、すでに紹介した融資目的で行われた１９３０年以前のアメリカの貸借対照表監査（信用監査）、もう1つは、昭和49年（１９７４年）の監査特例法制定以前の証券取引法監査であった――厳格に考えれば、現時点での金融商品取引法監査も、この範疇に含まれる――。ともかく、昭和49年以前の証券取引法監査は、「行為の監査」との接点をまったく有していない純粋な「言明の監査」であり、さらに当時の株式会社のガバナンスとの接点をまったくもたない監査であった。それゆえ、受託責任監査としての財務諸表監査とはかけ離れた監査であった。

§2　公認会計士が関与できる経営者の受託責任
――わが国（1975年から金融商品取引法制定まで）

商法の枠組みのなかに、公認会計士監査が会計監査人監査として組み込まれるようになっても、純粋な「言明の監査」としての証券取引法監査は、そのまま生き続けた。当時の日本公認会計士協会も監督官庁である大蔵省（証券局）も、基本法である商法の体系のなかに公認会計士監査が導入されることの意義を最大限尊重し、商法に組み込まれることによって軋《きし》むことが避けられない両監査間の矛盾または不整合に目をつむった。

わが国における監査上の不幸は、アメリカの連邦証券諸法のもとで行われていた職業会計士による財務諸表監査（以下、SEC監査という。）を、純粋に「言明の監査」として理解し、受託責任監査として有するSEC監査の側面を捨象したことであろう。SECによる監査規制の軌跡を振り返れば、1970年代において、不正への関与や内部統制への関与をアメリカ公認会計士協会に対して繰り返し求めたことが直ちに想起される。アメリカ公認会計士協会が、財務諸表監査を不正という観点から、さらに内部統制という観点から今一度見直すことによって、職業会計士が不正や内部統制への関与を強めることを、SEC当局は期待していた。資本主義経済体制あるいは証券市場への社会的信頼を確固たるものにするために、たとえ「言明の監査」としての財務諸表監査であったとしても、そこに「受託責任監査」としての本質的要素を組み込むことが不可欠である、との意識が強く働いていた、とみるべきであろう。また同時に、規制内容と規制の程度が異なる州会社法を通じては、制度として安定した「受託責任監査としての財務諸表監査」を確立することができないアメリカにおける株式会社規制の限界を克服する必要があった、と理解することもできる。ちなみに、ＳＯＸ法以降におけるＳＥＣ監査は、「受託責任監査としての財務諸表監査」を一段と強力に推進しているように観察できる。

一方、監査役監査は受託責任監査という性格を色濃く帯びており、同時に、株式会社におけるコーポレート・ガバナンスの立てつけと深く関係していた。そのため、公認会計士（そして監査法人）に「会計監査人」なる地位が商法上与えられたとしても、彼らが依拠する監査基準の体系に受託責任監査としての本質的な要素が組み込まれない限り、商法が模索する受託責任監査には完全には貢献しない財務諸表監査であることは自明であった。重要なことは、監査の主題が実質的に同一（財務諸表＝計算書類）であっても、加えて監査人が同一（公認会計士・監査法人＝会計監査人）であっても、証券取引法のもとでの財務諸表監査と監査特例法のもとでの計算書類監査は、本質的には、似て非なる言明の監査であった。日本公認会計士協会と（おそらく）大蔵省（証券局）は、当該言明（財務諸表・計算書類）の監査においては、証券取引法監査の枠組みを規定した監査基準を、そのまま監査特例法のもとでの計算書類監査に適用することとすることによって、証券取引法監査と監査特例法監査の「実質的一元化」を図った。監査実務上の混乱を未然に防止することがその狙いであるが、純粋な「言明の監査」としての証券取引法監査と、受託責任監査の一翼を担うこととなった会計監査人監査とが完全に一致することはなく、それは、まさに、監査の分野における政治決着であった。

証券取引法監査と監査特例法監査との間には、ただちに軋みが生じてきた。名称こそ異なるものの、実質的には同一の会計的言明を監査の主題としているにもかかわらず、証券取引法監査においては「財政状態及び経営成績を適正に表示しているか否かについて」の意見が求められるのに対し、監査特例法監査においては「法令及び定款に準拠して会社の状況を正しく示しているかについて」の意見が求められたため、監査意見を巡って「財務諸表の適正表示」と「計算書類（貸借対照表と損益計算書）の適法性」との関係が、とりわけ学者の間で問題となり始めた。

さらに、証券取引法監査における監査報告実務において、従来にはなかった大きな変化が起こった。それは限定意見の急激な減少である。財務諸表監査であれ、計算書類監査であれ、両監査共通の目標は、当該言明に対して肯定的意見を表明し、当該言明の信頼性に対して保証を与えることにある。証券取引法監査において限定意見が減少したことは望ましい状況ではあるが、証券取引法監査が商法監査の枠組みに組み込まれた結果、「×××を除いて適法である。」という形式の限定付適法意見の矛盾が囁《ささや》かれ、結果として、「計算書類の適法性判断」が「財務諸表の適正表示判断」を押しつぶす格好となった。

　会社法の時代になって、監査特例法のもとでの計算書類監査と証券取引法のもとでの財務諸表監査との間にあった溝は解消された、といえる状況になった。会社法における会計監査人監査の主題が計算書類および附属明細書に変更され、**金融商品取引法における附属明細表は財務諸表の体系を構成するものとなっているので、**基本的には、計算書類＝財務諸表となっている。また、監査意見についても、会計監査人の監査意見は、「**計算書類及び附属明細書が、**……当該計算書類及び附属計算書に係る期間の財産及び損益の状況を全ての重要な点において**適正に表示しているか**どうかについて」なされ、適法性の意見が求められてはいない。それゆえ、監査意見についても、基本的には、同一であると捉えることができる。現在、「計算書類の適法性」と「財務諸表の適正表示」の関係の問題は解消されている。

　しかし、金融商品取引法監査に移行した後も、監査報告実務ではほぼ「適正意見の完全状態」が続いている。監査人が限定意見を表明することが、事実上難しくなっているとの認識が囁かれるまでになっている。この状況を額面どおり、本来あるべき好ましい状況と受け止めてよいものであろうか。「計算書類の適法性」が廃止され、会社法監査においても会計監査人の監査意見が「計算書類の適正表示」について表明されるようになっても、会計監査人による独立的な意見表明を阻む隠れた制度が温存されているのではあるまいか。

§3　公認会計士が関与できる経営者の受託責任
——わが国（金融商品取引法制定から現在まで）

財務諸表と計算書類、いずれか一方の言明の監査は、社会的にみて不要ということであろう。もちろん、その前に、いずれの言明を不要とするかの決定、あるいは両方の言明を止揚した、新たな言明の模索がなされなければならない。法律学者のなかに、「**公開株式会社法**」の必要性を主張し、証券取引法監査（金融商品取引法監査）を新しい株式会社立法に吸収すべきという考え方（上村　2002年）が台頭したのは、当然の成り行きであった。「基本法」と「経済法」（市場規制法）という性格を異にする2つの法体系を、証券市場を規制する監督官庁も含めて、統合するのは、容易なことではない。実質的に同一の言明に対して、同一の監査人（公認会計士・監査法人＝会計監査人）が監査意見を表明するという仕組みは、これまでの歴史的な歩みについての議論は横に置くとしても、現時点では無駄というほかはなく、経済的にも資源の浪費であろう。これこそ、わが国の企業社会が必要とする規制改革にほかならない。

いずれにしても、コーポレート・ガバナンスに根を下ろすことなく制度化された証券取引法監査は、その外郭は別として、時間をかけて少しずつ商法監査のなかに取り込まれ、会計監査人監査報告書が出されれば、証券取引法監査は実質終了したと同じ、との認識が広まることとなった。この傾向は、金融商品取引法の制定以後、一段と拍車がかかったのではないだろうか。また、監査の質の観点からも、上場会社の財務報告制度の抜本的改革の必要性が叫ばれるようになっている。

２００６年は、わが国の監査制度において大きな変革の年であった。金融商品取引法は、従来の財務諸表監査に内部統制報告書監査を加え、両者を連動させるという枠組みを導入した。ＳＯＸ法によって新たに制度化された内部統制監査——導入時点では「言明の監査」および「行為の監査」（内部統制監査）の2本立てであったが、その後「行為の監査」に転換した——を範にして、アメリカが廃止した「言明の監査」（内部統制報告書監査）を急遽移入したものであるが、上場会社の経営者の株主に対する受託責任を強く認識したうえでの変革であったかどうかは大いに疑問である。それは、当時の企業会計審議会が２００７年2月15日に公表した金融商品取引法監査に関係する意見書『財務諸表に係る内部統制の評価及び監査の基準並びに財務諸表に係る内部統制の評価及び監査に関する実施基準』では、公認会計士が金融商品取引法監査のもとで関与する内部統制の目的を「財務報告の信頼性」のみに限定し、受託責任監査の本質的要素としての「資産の保全」——「資産の取得、使用及び処分が正当な手続及び承認のもとに行われる」という意味での——を「財務報告の信頼性」から分離させ、公認会計士による評価の対象から除外したからである。ここに、アメリカにおいて導入された内部統制監査との本質的な違いがあり、その意味では、似て非なるものであり、「仏作って魂入れず」であった。

「資産の保全」を公認会計士による評価の対象に含めれば、内部統制報告書監査の制度化は難しいとの判断が企業会計審議会関係者に強く働いたであろうことは、想像に難くない。しかし、内部統制報告書監査を通じて形成された（財務報告の信頼性にかかる）内部統制の評価結果を、財務諸表監査における監査意見に結びつける仕組みを確保したことは、受託責任監査としての財務諸表監査の足らざる部分を、内部統制報告書監査が補完したことは確かであり、その意味で、金融商品取引法監査が変革されたことは確かである。また、２０１３年に企業会計審議会から公表された、『監査における不正リスク対応基準』では、財務諸表の重要な虚偽表示に結びつきかねない企業取引――財産の保全に影響を及ぼす不正取引――が、例示されている。

このように、金融商品取引法に基づく財務諸表監査は、内部統制報告書監査を取り込み、また、資産の保全に影響を及ぼしかねない不正な／異常な／不自然な取引に対する監査人の「職業的懐疑心」（professional skepticism）を求めるなど、受託責任監査として不可欠な要素を徐々に備えつつある。

§4　会社法（商法特例法）における会計監査人監査

いうまでもなく、昭和49年の監査特例法の制定により取締役会によって選任される形で導入され、昭和56年の改正（監査特例法は、昭和56年改正時以降、商法特例法）により株主総会による選任に変更され、今日の会社法に引き継がれている会計監査人による計算書類監査は、受託責任監査としての監査役監査を、職業専門家として補佐するものである。しかし、『監査基準』あるいは現在の「一般に公正妥当と認められる監査の基準」は、金融商品取引法監査に等しく適用されるので、内部統制報告書監査を除けば、現実の監査実務の違いとして表に出てこない。また、両者の間に本質的な齟齬《そご》が生じないように、日本公認会計士協会（監査基準委員会）が公表する『監査基準委員会報告書』は、両監査を複眼的に睨んで作成しているものと考えられる。たとえば、会社法第３９７条第1項・第3項は、会計監査人が監査の過程において取締役の職務の執行に関し不正の行為または法令及び定款に違反する重大な事実があることを検出した場合には、その旨を監査役会に報告する義務を定めている。この規定は、会計監査人監査が受託責任監査としての監査役監査の一翼を担っていることを示す好例であるが、元来、この種の規定は、証券取引法や金融商品取引法にはなかったものである。『監査基準委員会報告書』は、上場会社、非上場会社、非営利法人など、監査を受ける事業体の種類にかかわらず、公認会計士が関与する「言明の監査」には等しく適用されるところから、『監査基準委員会報告書』に規定しておけば、上記の規定が求めている監査実務は、金融商品取引法監査においても実施されることになる。

会社法監査の変革は必要である。それは、監査役会が会計監査人の監査の方法や結果が相当であるか否かを判断する規定（会社法第128条第2項2号）を削除し、会計監査人の職業専門家としての判断を受け入れることである。さらに、この規定は、「一般に公正妥当と認められる監査の基準」が監査規範である公認会計士を、結果として、当該監査規範の前で二分させる状況を、ごく最近、指名委員会等設置会社における監査委員会の場合ではあるが、図らずも生み出した。社外取締役監査委員として就任している公認会計士の判断と、被監査会社との間で監査契約関係にある公認会計士との間の判断の対立である。社外監査役や社外取締役監査委員・監査等委員として、コーポレート・ガバナンスに関係する公認会計士の数は相当増えているのではないか、と推察される。日本公認会計士協会の会員として、職業倫理規則の遵守が義務づけられている公認会計士が、事実認定や監査判断で対立し、立場を二分するという状況は好ましくない。

監査役会（当初は、監査役）による会計監査人監査に対する相当性判断は、昭和49年当時の公認会計士による監査状況と、公認会計士による計算書類についての監査意見が「計算書類の適法性」に関するものであったことを踏まえて、公認会計士の意見表明に無言の圧力を与え、あるいは慎重さを求めることの必要性を関係者（とりわけ企業側）が感じ取ったことを反映して設けられたものである。しかし、会社法のもとでの会計監査人の監査意見は「適法性」の意見ではなく、「適正表示」の意見に変更されている。したがって、監査役会による上記の相当性判断は、もはや無用の長物であり、国際的にも極めて稀な監査プロフェッションへの過剰な干渉である。むしろ、公認会計士の独立的な判断を支援するような環境をコーポレート・ガバナンスは提供すべき時代になっている、と認識すべきではないだろうか。

§5 総 括

戦後から今日に至るまで、その時々のさまざまな事情による影響を受け、また異なる法律のもとで異なる規制を受けながら、公認会計士による財務諸表監査は発展してきた。公認会計士による財務諸表監査の質に対する社会の関心が一段と高まっている状況に鑑み、公認会計士監査を取り巻くさまざまな制度や仕組みを簡素化し、「受託責任監査としての財務諸表監査」の有効性をいかにして確保し、高めたらよいのか、という方向での議論が必要な段階に来ているように思われる。

監査を受ける企業側も、監査を行う公認会計士側も、上場会社における二重監査――金融商品取引法監査（公認会計士・監査法人監査）と会社法監査（会計監査人監査）――がもはや必要でないことは十分に理解していることであろう。委託受託関係を基礎に置く会社法監査と証券市場規制を基礎に置く金融商品取引法監査、そしてその前提にある財務報告制度（開示制度）が、水と油のようなけっして交わることのできない関係にあるとは思われない。異なる行政当局が異なる立法趣旨の法律を別々に所轄してきた歴史のもとで、それらを統合し、一本化することが容易ではないことは明らかである。

しかし、上場会社の受託責任は、どの範囲で、どの程度、誰が監視し――誰が監督し、そして誰が独立的な評価を下すのか――という原点をおさえつつ、将来に向けての建設的な議論をまず開始すべきではないだろうか。そのような大きな方向がみえてくれば、公認会計士監査に限らず、次章において取り上げる監査役監査についても、制度としてスリムで一段と有効に機能する状況が得られるようになる、と予想している。

第9章　監査役監査と代表取締役社長の受託責任

監査役監査は、すでに指摘したように、受託責任監査としての本質を有している。しかし、その監査の構造は、株式会社企業の二面性を反映して、若干複雑である。というのは、団体の運営にかかる受託責任と、事業組織である企業の経営にかかる受託責任とが存在し、そのそれぞれに監査役監査が関係しているからである。とはいえ、現実の監査役監査実務において、それらが別個に行われるのではなく、一体として行われている。監査役会監査報告書は、黙示的ではあるが、株式会社企業の二面性を反映している。

§1　株式会社企業の二面性と取締役の受託責任の構造

株式会社企業は、株主の出資（資本拠出）によって成り立つ共同企業（法人格の付与された団体）である。したがって、株主と会社との間の関係は、拠出資本の運用・保全を委託する株主（委託者）と、拠出資本の運用・保全を受託する会社（受託者）との間の拠出資本にかかる委託受託関係である、とまず捉えることができる。

他方、株式会社自体は法人格が付与された観念的な存在にすぎないため、株式会社の意思の決定や活動は、会社の機関を通じてなされることになる。株主は、株主総会という会社の機関を通じて会社の一定の基本的事項に関する意思決定にのみ関与し、その他の事項は、株主総会で選任された取締役全員によって構成される取締役会という会社の機関（経営上の重要事項に関する業務執行の決定／監督機関）が決定し、その決定事項の執行は、取締役会で選定された代表取締役という会社の執行機関によってなされる。上記の取締役会や代表取締役という会社の機関の担い手である取締役は、株主総会で選任され、あるいは取締役会で選定され、当該機関に就任した時点で、いずれも会社に対して受託責任を負うことになる。すなわち、会社と取締役との間の関係は、団体の運営および拠出資本の運用・保全（＝経営）を委託する会社と、それを受託する取締役との間の委託受託関係である、と捉えることができる。

株式会社企業は、会社（＝法人格が与えられた団体）という側面と、企業（＝事業組織）という側面との二面性を有している（第18図）。会社という側面に注目し、ガバナンスを捉えた場合、株式会社のガバナンスとは、当該会社（団体）の運営の機能状況を指示する概念であり、その実質は、誰（いかなる機関）が当該会社の運営に責任を負い、誰（いかなる機関）が当該会社の運営を監督し、誰（いかなる機関）が当該会社の運営の状況を評価するのかという問題に収斂する。代表的な株式会社（監査役会設置会社）を例にとれば、そのコーポレート・ガバナンスは

第18図　株式会社企業の二面性と委託受託関係

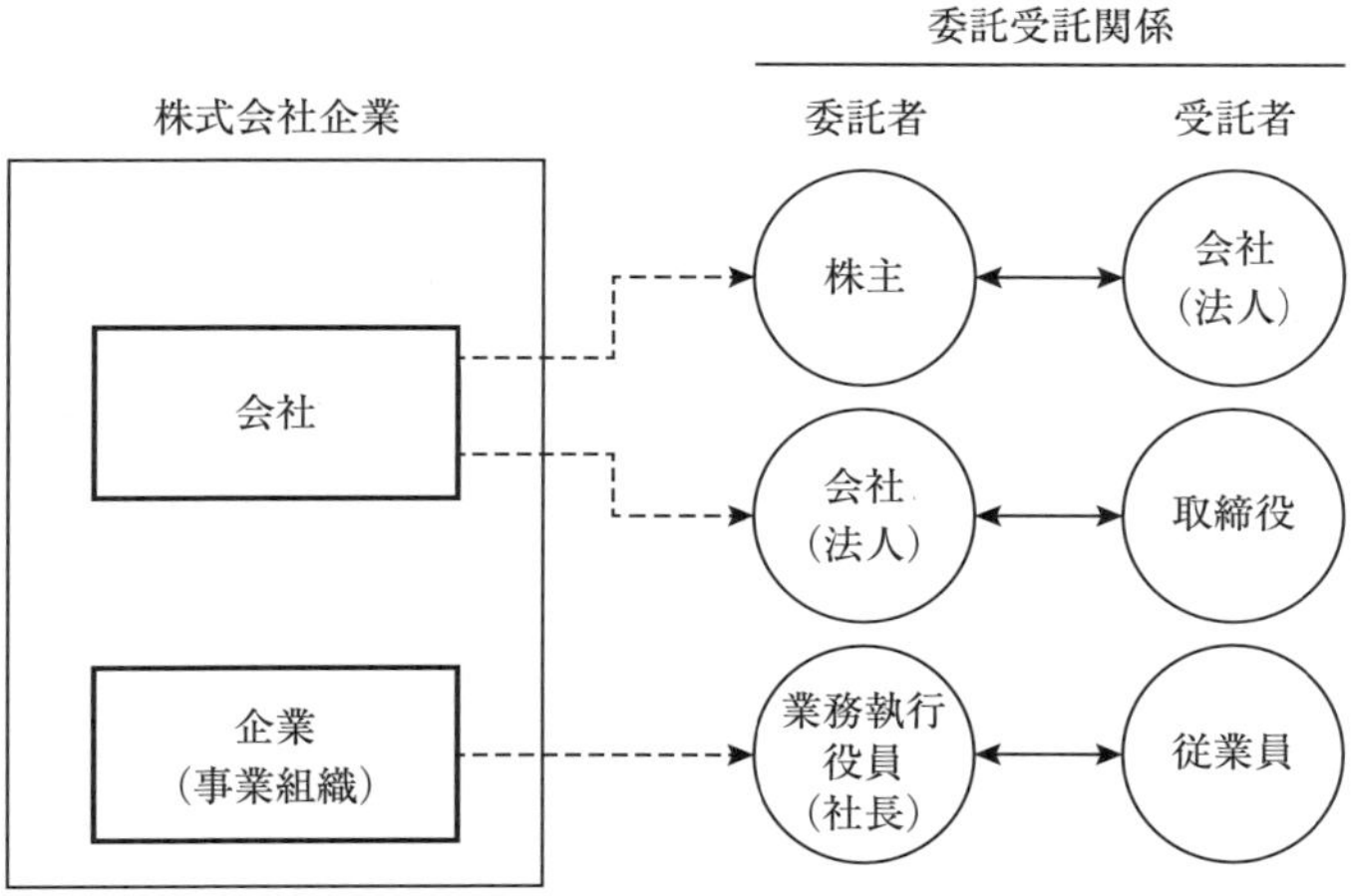

A＝代表取締役（団体の代表および執行機関）
B＝業務執行取締役（団体の業務執行担当者）
C＝取締役（取締役会の構成員：業務執行の決定には関与するが、執行には携わらない）
D＝取締役会（業務執行の決定および監督機関）
E＝監査役（監査機関：独任制）
F＝監査役会（監査の機関：独任制の各監査役による実効性ある監査を期するための、いわば監査にかかる連絡調整機関）

によって構成される。

他方、企業（＝事業組織）という側面に焦点を当てた場合には、株主より受託し会社が所有することになった拠出財産（＝会社財産）の運用・保全——これを業務執行という——に現実に従事する企業（＝事業組織）の長である最高経営者（通常、「業務執行役員社長X」と称している）と、社長に次ぐ業務執行責任者（「業務執行役員副社長Y」等、企業組織における役職名Yは企業によって異なる）は、それぞれ代表取締役Aおよび業務執行取締役Bを兼任するのが通例である。

監査役監査は、会社企業の代表者（代表取締役社長AX）と取締役会の構成員であるそれ以外の取締役（BY＋C）が会社の運営および事業組織の経営にかかる職務を適切に——法令及び定款に従って——執行していたことを、監査の機関である監査役E（監査役会F）が確かめ、その結果を株主（株主総会）に報告することによって、代表取締役社長を含むすべての取締役（AX＋BY＋C）が負っている受託責任を実質的に解除する、という役割を果たしている。具体的には、監査役は、

①取締役会の決定（決議）に際し、取締役（A＋B＋C）相互間で各取締役が、職務を適切に執行していることを監督していること、

②取締役については、代表取締役社長AXおよび業務執行取締役・業務執行役員副社長BYの職務執行が、取締役会の決定（決議）に服するものであることを取締役（A＋B＋C）相互間で監督していること、

③代表取締役を含む業務執行取締役については、代表取締役社長AXと業務執行取締役・

業務執行役員副社長ＢＹが、法令および定款ならびに取締役会の決定（決議）を遵守してその職務（＝業務）を執行していたこと

を確かめる。これが株式会社における監査役監査の立てつけである（この関係を第19図のⅠ.とⅡ.が示している）。

このように、株式会社における監査役監査の構造は複雑であるが、現実には、この2種類の受託責任は相互に結びつき一体のものとして、すなわち代表取締役社長ＡＸと業務執行取締役副社長ＢＹが負っている受託責任として遂行される。監査役は、会社においては、ＡとＢとＣの「団体の運営にかかる受託責任」（第19図のⅠ.）を、また企業においては、ＡＸとＢＹの「企業の経営にかかる受託責任」（第19図のⅡ.）を実質的に解除するという役割を遂行し、その結果を1つの監査役会監査報告書として株主（株主総会）に報告するのである。

受託責任監査としての監査役監査の構造は、このように、極めて複雑である。以上の説明は、株式会社の二面性を分析論的に捉えたものであるが、現実は、「代表取締役社長」という表現がまさに物語っているように、会社（法人格の与えられた団体）と企業（事業組織）が一体となった「株式会社」の監査――株式会社の取締役の職務の執行の監査――として行われているのである。

第19図　監査役監査の基本構造

Ⅰ．取締役相互の監視（監督）と監査役監査

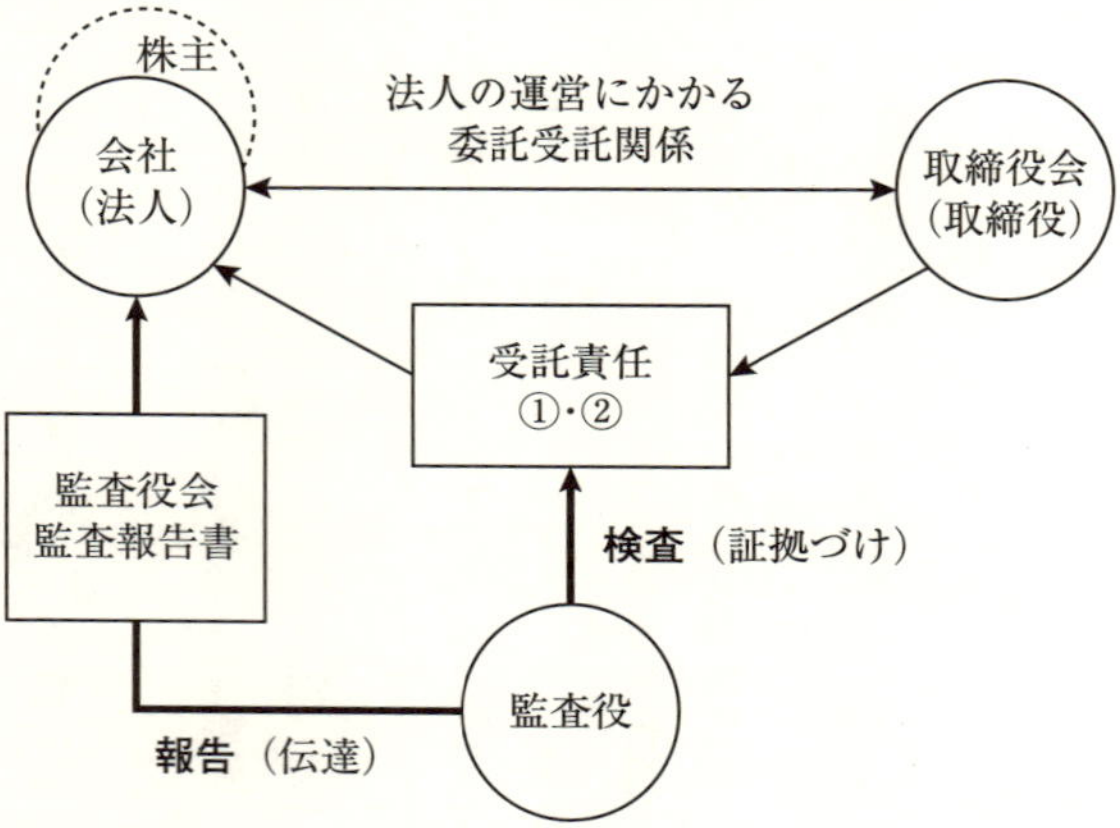

Ⅱ．代表取締役に対する監視（監督）と監査役監査

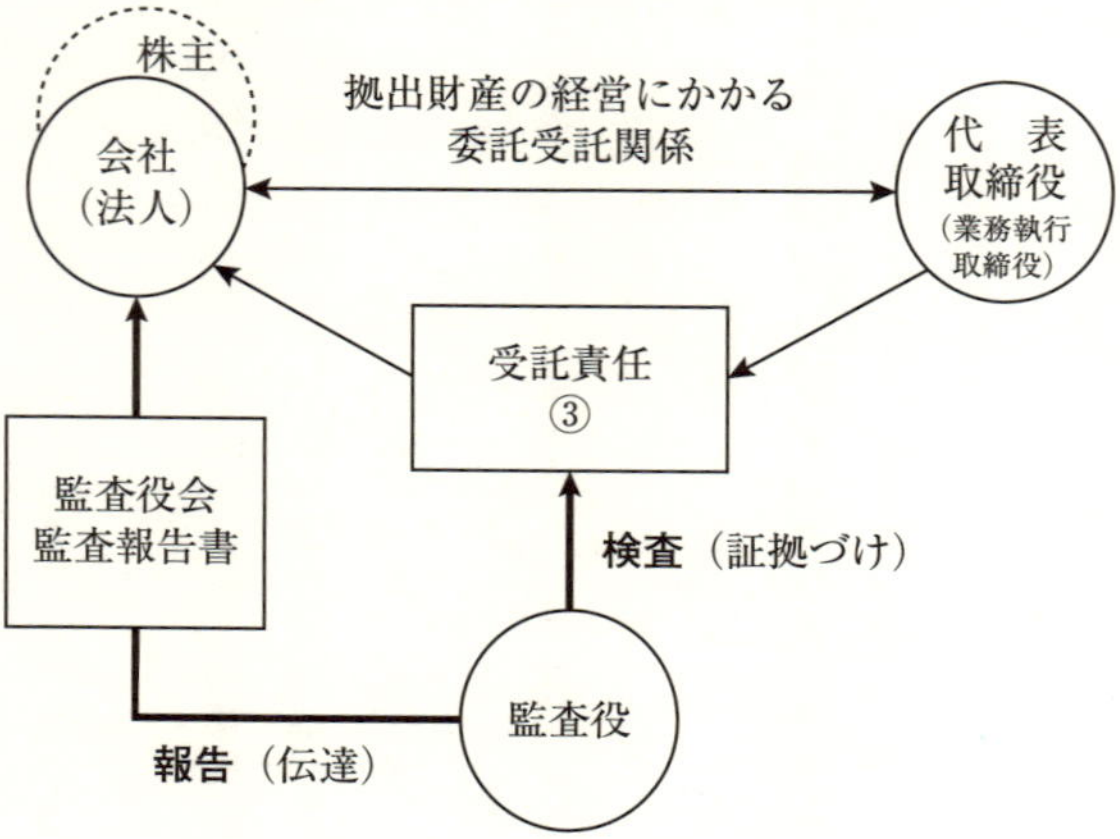

§2　株式会社企業における代表取締役社長の受託責任

監査役会設置会社の監査役監査は、株式会社の最高経営責任者（代表取締役社長）の受託責任監査という本質を有している。第6章において明らかにした受託責任の意味内容に即して、報告責任と会社財産の保全管理責任に関係づけて、それぞれの内容を具体的に示すと、以下のようになるであろう。それらは、時代がどのように変わろうとも引き継がれていくであろうと予想するものであるが、受託責任の意味内容は、経営者に対して株主が期待あるいは要請するものであり、株式会社を取り巻く環境の変化や株式会社に対する株主の意識の変化によって大いに変わり得る。けっして固定的なもの／確定的なものではない。たとえば、経営者の言明に対しても、ＥＳＧ（Environment, Social, and Governance）といった株主からの新たな視点がますます強くなるように予想される。

報告責任（会計責任）との関係においては

①計算書類（金融商品取引法における財務諸表）をとりあえず受け入れたうえで、会計監査人が当該計算書類の適正表示について合理的な保証を与えること。

②事業報告（金融商品取引法における有価証券報告書の開示内容を整理・統合したうえで）について、監査役が当該事業報告の適法性について保証を与えること。

③事業報告について、監査役がいわゆる内部統制システムの整備・運用状況の概要にかかる相当性を判断し、相当でない場合にその旨を指摘すること。

財産の保全管理との関係においては

①消極的な意味での会社財産の保全

(a)会社財産を盗難・紛失・災害から保全する

(b)会社財産を不正（財産不正：横領・私消・使い込み・流用）から保全する

(c)会社財産を手続上の誤謬から保全する

(d)会社財産を未承認または不承認の取引から保全する

(e)会社財産を法令違反から保全する

(f)会社財産を無駄から保全する

(g)会社財産を非効率な経営と業務から保全する

②積極的な意味での会社財産の保全

(h)企業の市場価値の増大／最大化を図る

受託責任の具体的な内容が以上のように多岐に及ぶのは、まさに、現代の株式会社における事業活動の多角化と、それに付随する業務活動の複雑性を反映するからであろう。しかし、重要なポイントは、これらを監査役がすべて評価しなければならないということではない。いかなる内容の受託責任であれ、それを監視することは必要である。しかし、それを監査に委ねるのか、それとも監督に委ねるのか、（あるいは、その監視を人工知能［ＡＩ］に任せるのか）は、監査という行為の特質、監督という行為の特質、そして人による直接的な監視に代えて技術（technology）による監視の得失、監視の対費用効果等によって決められることであろう。

重要なことは、監査役監査の場合には、いかなる内容の受託責任であれ、いかなる形での業務の遂行であれ、最終的には、その状況を「取締役の職務の執行」に引きつけて判断し、その判断結果を監査報告書において明示する必要がある、という点である。監査役監査で引き受けることのできる役割、引き受けてはならない役割、他の監視主体に委ねるべき役割が、当然、あり得る。上に列挙した受託責任の意味内容のうち、監査役が現場に赴いて証拠を求め、監査役としての判断と結論を得なければならない領域はどれであろうか。

§3　監査役監査の視野に入る取締役の受託責任の内容

受託責任が意味する全領域を監査役が評価すべきということではない。とりわけ財産の保全管理責任についてそうである。たとえば(a)は代表取締役社長の意思決定で対応すべき領域であろうし、(b)〜(e)は内部統制（とりわけ内部牽制を基礎に置く統制活動）が整備され適切に運用されていることを、とりわけ(f)は内部統制（とりわけ監視活動）が適切に実施されていることを評価することによって、監査役の職務は十分に全うできるであろう。(b)、(d)そして(e)は特に取締役の職務執行との関係において監査役が注意して評価すべき領域と考えられるが、(g)と(h)は監査機能ではなく、むしろ取締役会の監督機能に委ねたほうがよいであろう。「財産の保全」の意味内容によって、会社のいかなる機関が関与すべきかどうかを決定すべきである。とりわけ、証拠に基づく議論が必要な領域と、むしろ助言という形で関与したほうが適切な領域もある。内部統制の整備・運用状況を丁寧に評価することによって、監査役は取締役の保全管理責任の相当部分を評価することができる。内部統制を整備し有効に運用することは、取締役（代表取締役・業務執行取締役）の職務の執行にほかならない。

しかし、内部統制の評価だけで、取締役の職務の執行についての監査が完了するわけではない。監査役の職務には、取締役の職務執行——とりわけ、不正がなかったか、また、重大な法令・定款に違反した職務執行がなされたかどうかを確かめる、という最も重要な役割があるからである。この役割を、取締役、内部監査人、あるいは会計監査人に転嫁することはできない。監査役固有の役割であり、受託責任監査のまさに要諦——適法性監査——である。

事業活動（業務）が効率的に行われているか、業務活動に無駄がないかどうかについての評価は、通常の場合、内部監査部門に期待される役割と考えられる。

監査役は内部監査部門がどのような視点から業務の効率性を分析・評価しているのか、内部監査担当者は、この領域の判断にふさわしい専門的知識、技量、そして経験を有しているのかを含め、取締役（代表取締役・業務執行取締役）が、内部監査部門の活動に対して、どのような取り組みをしていたのかを評価し、最終的には、取締役の内部統制にかかる職務の執行の判断を行うのである。これこそ、取締役の職務執行にかかる適法性の監査にほかならない。

このように考えると、「監査役監査は適法性監査なのか、妥当性監査にも及ぶのか」といった問題設定には、あまり意味がない。もちろん、取締役会もこの領域を内部監査部門とは違う視点で監視することができる。さらに、企業の市場価値を高める経営がなされているかどうかという視点からの会社財産の保全は、まさに、取締役会の独壇場であろう。すでに言及したように、この領域は取締役会が積極的に行うべき「妥当性の判断領域」であり、これに

1 「適法性監査か妥当性監査か」という問題設定は、「監査役ハ取締役ノ職務ノ執行ヲ監査ス」という条文が導入されて以来、多くの法律学者が関心を払ってきたテーマである。平成26年会社法改正を機に、「監査」と「監督」との関係を問い直し、会社法上の監査概念について、とりわけ「監査機関の妥当性監査権限」に切り込んだ新進気鋭の法学者による最新の論考がある。本書の立場は、これに与するものではないが、読者諸氏に紹介しておきたい。得津　晶「会社法上の監査概念について――三種類の監査機関の妥当性監査権限」『法學』第80巻第4号　2016年10月　1～49頁。

監査役会がかかわることは進んで抑制すべきである、と考える[1]。「内部統制」という用語こそ使われてはいないが、会社法がそれに相当する表現を規定のなかに取り入れた以上、これまで曖昧であった領域も内部統制のなかに取り込まれ、しかも、内部統制の整備・運用状況を適切に評価することによって、取締役の職務執行の状況を十分に判断することが可能となっている。取締役の職務執行にかかる不正と法令・定款違反の領域を除き、監査役監査のほとんどの対象領域は内部統制によってカバーされ、その意味で内部統制と深く関係しているのである。

そのように考えてみると、監査役監査は取締役の職務執行にかかる適法性監査に尽きる、と考えてよいであろうし、また、そのように理解したうえで、監査役はその役割を果たし、株主からの信任に応えるべきであろう。受託責任を構成する報告責任と財産の保全管理責任のいずれであっても、取締役が法令・定款を遵守しその職務を全うしていたことを、監査役が保証するという役割を果たすうえで、内部統制がいかに重要な意味を有しているかを理解され、『COSO報告書』が識別した3つの内部統制の目的が受託責任監査においてそれぞれ有する意味の軽重はあるとしても、監査役がなぜ内部統制全体の機能状況を評価しなければならないのかを改めて自問していただきたい、と願っている。

§4　モニターの手段としての監査の意味と限界

すでに言及したように、株式会社内部において利用可能なモニターの手段としては、監査と監督がある。それぞれが有するモニターの意味は異なり区別しなければならないが、この境界が怪しくなっており、監査役監査が監督に取り込まれ始めている。否、相当に取り込まれている、と理解したほうがよいかもしれない。この傾向をどのように捉えるべきなのであろうか。少しずつ時間をかけて監査を監督のなかに取り込み、最終的にはコーポレート・ガバナンスの型としては、極めて単純な英米型に移行させせようとする、壮大な社会実験とみるべきなのであろうか。

監査は、監査人が現場に赴き、証拠を入手・評価し、その結果を会議等の場において監査役の私見やコメントとして開陳するのにとどまらず、監査報告書において取締役の受託責任を実質的に解除する、というフォーマルな役割を負っている。すでに第2章において考察したように、公認会計士監査であろうと、監査役監査であろうと、内部監査であろうと、監査と称せられる行為が、その本来の機能を果たすには、

①**確立された**／**具体的な規準**があること
②監査人が企業の業務活動と**日常的に対峙する状況**が確保されていること
③監査人の意見・結論は、監査人が**現場に赴き**、**現場に証拠を求め**、入手・分析・評価し

た証拠に基づくこと

④執行や人事の任免等（監督）と兼務またはそれに関与してはならないこと（**監査の独立性**）

が不可欠である。「大所高所からの意見や判断」を理由に、非常勤社外監査役を利用する傾向が増えているが、非常勤の社外役員は監督機関への就任を通じて活用すべきである。かかる人材の監査機関への就任は、株主の視点からみて、受託責任監査としての監査役監査の形骸化に走らせるだけである。わが国におけるコーポレート・ガバナンスの複雑化は、監査と監督の境界を無視あるいは軽視し、本来強力に行うべき「取締役会の改革」に手を付けず、監査役監査の改革でコーポレート・ガバナンス改革を代行させようとした関係者の意識によって引き起こされたものではないだろうか。

監査役監査の歴史は長いが、その機能に対する社会的評価は必ずしも十分ではない。受託責任監査としての監査役監査を確立するには、まだ、いくつもの解決すべき課題が残っている。そのためのスタートは、「監査」と「監督」の本質的な違いをしっかり見つめることである★8。

★8　監査と監督の峻別について

明治23年旧商法第192條に規定された「監査役ノ職分」（本書21頁に掲載している条文を参照）について、監査と監督は異なることを明確に説明した記述（岸本　明治26年　395～397頁）がある。以下にその部分を、可能な限り原文にある旧字体を使って紹介することにする（強調追加）。同著者は、明治26年より前に『商法正義　第弐巻』を上梓しているが、その発行年が未記載なので、ここでは、その明治26年の改訂版――『改正　商事會社法正義　完』――を使うことにする。なお、引用部分は同趣旨の文章である。

「第一　取締役ノ業務ヲ監視スルコト　是レ其業務施行ノ不當ナルコトト過失アルコトトヲ**監視シ檢出スルノミニシテ取締役ノ所爲ヲ監督スルニ非サルコトヲ**記憶セサル可カラス」（395頁）

「……監査役ノ職權ハ**取締役ノ業務及ヒ計算ニ付テ不整又ハ過怠アルモノヲ發見スルニ止マリテ假令之ヲ發見セルモ禁制シ又ハ處分スルノ權アルコト無ク只タ其監視檢査ノ結果ヲ總會ニ報告ス可キノミ**然ルニ若シ之ヲ禁制スルアラン歟是レ即チ取締役ノ職務ヲ侵シ其職權ヲ奪フモノニシテ會社ノ組織ヲ紊亂スルモノト云フ可シ故ニ**監査役ハ能ク其職權ノ區域ヲ愼マサル可カラス監査役ハ決シテ監督役ニ非サルナリ**」（396～397頁）

§5　監査と監督――適法性監査と妥当性監査

監査も監督も、人間の行為をモニターする手段の1つである。しかし、両者の間には、決定的な違いがある。ここでは、いくつかの違いを整理することにする。

第1の違いは、監督は、――株主総会による監督を除いて――広い意味で執行の系列に属する、あるいは執行との間で親和性を有している、という点に関係している。監督は執行の在り方を監視するのであるから、監督が執行の論理に支配されてはならないし、逆に、執行が監督に取り込まれれば、もはや執行の実を上げることはできず、事業自体が成り立たなくなるであろう。監督は、執行側に対して事業体の目標を設定し、その目標の実現を要請し、その結果次第では執行の人事（選定と解職）にも及ぶ。そのような強力な権限を伴うのは、監督機関は委託者（株主）に代わって、執行の機関を監視するという立てつけにあるためである。一方、監査は執行からは独立していなければならない。「監査の独立性」は常に問題となるが、「監督の独立性」は問題とはならない。

第2の違いは、監督の機関である取締役会（取締役）には、経営や事業に対する見識、経験、専門知識、リスク認識、企業人としての常識等があればよく、それらに基づいて執行を評価し、批判し、指導し、助言を与えることで、その職務を十分に果たすことができる、という点に関係している。取締役であっても〝情報〟は必要であるが、それは証拠ではない。

大所高所からの率直な意見を執行側に伝えることで、監督機関としての役割の一端を果たすこともできる。監督に固有の判断規準があるわけではなく、すべての判断規準は当該取締役自身の内的過程に存在し、その判断の在り様は、たとえば「妥当であるとか、妥当ではない」というレベルの「妥当性判断」にとどまる。であるからこそ、業務の適法性を証拠に基づいて厳しく評価する監査役の役割が重要なのである。監督機関である取締役会は、取締役の職務の執行にかかる適法性・違法性についての監査役の評価を得て、状況によっては、究極の監督権限――執行の長である代表取締役の解職――を行使するのである。

業務執行に従事する取締役は別として、非業務執行の取締役については、いわゆる非常勤でも、監督者としての彗眼があれば、十分にその職務を果たすことができる。社外取締役であればこそ、企業経営に対して外からの厳しい視点で監督することが可能となる。

しかし、監査はそうではない。監査役は現場に赴き、自己の職務を果たすうえで必要な根拠――これが証拠である――を自ら確かめ評価しなければならない。監査には、判断規準が不可欠であり、その硬度はできるだけ高いほうが望ましい。判断の主体は監査役自身ではあるが、その判断は可能な限り客観的であることが求められる。監査役は適用する規準――適用される法令、各種業務規程、会計規則等――に知悉《ちしつ》していなければならない。監査人に専門性が求められるのは、監査判断の独立性・客観性を確保するためである。いかなる規準が適用されるかは別として、監査役が行う任務は「遵守性監査」(compliance audit) であり、具体的には、取締役の職務執行にかかる「適法性監査」である。

監査役のなかには、妥当性監査を標榜する方もおられるが、妥当性を判断する規準は「確立された」——関係者間で合意された——ものではない。たとえ当該監査役の前職が取締役であり、執行または監督にかかわっていたとしても、そこでの判断はルールに基づいた判断ではなく、前職時代に得た経験、経営感覚等に基づくものであり、監査判断としては大きな幅が生じ得る。であるからこそ、この領域の判断こそ、取締役会における取締役に任すべきなのであり、またそれが最もふさわしいのである。適法であるとの判断には至らないが、取締役の職務執行にかかる「妥当とはいえない」状況を検出した場合には、それは取締役会に報告することにより、監督機関の判断に委ねるべきである。

ともかく、監査役が現場（業務）に身を置くという点は監査の本質に関係している[★9]。それゆえ、当該監査役の出身が社内・社外であるかどうかはともかく、監査役は常勤でなければならない。監査はデスクを囲んでの会議だけではその用を成しえない。「現場に身を置く」という点で1つ注意すべきことがあるとすれば、監査役は取締役の職務執行の適法性を確かめるべく現場に赴き、証拠を確かめるのであり、従業員レベルでの日常的な業務の在り方を問題とするのではない、ということである。後者の視点で監査役監査が行われた場合は、**監査役監査の内部監査化**と呼ぶべき状況であろう。

第3の違いは、監督は執行に関係する判断にかかわり、場合によっては、それを立案・提

★9　哲学者の眼から視た監査について

向学のために、哲学者鷲田清一教授による「監査」という言葉についての説明を紹介しておこう。教授は、「監査」という言葉の語源について、ラテン語の「アウディオー」（聴く）からきている言葉であるとしたうえで、以下のように説明している。

『字通』の白川静によれば、「監」は「人が臥《ふ》して下方を視る形」を擬している。上から見る、臨み見るということらしい。俯瞰《ふかん》してではなく、「臥して」というのがおもしろい。けっして上から見下ろすのではなく、地べたに這《は》いつくばって見る。監査の仕事、とりわけすぐれた業務監査のそれは、現場に足繁《しげ》く通い、そこでことこまかに聞き取りをおこなうことからはじまる。その地べたを這うような地道な作業のなかでなされる。書面の報告を見るだけの机上の作業だけでは、いろいろと見落としが出る。この点からすると、監査の「見る」仕事、そう、まさに診断という意味での「診る」仕事は、「聴く」に深く通じるものなのである。

出所：鷲田清一「『監査』という仕事」『北海道新聞』平成19（2007）年12月6日（夕刊）。

示する機能にも及ぶが、監査は、執行に従事するだけではなく、執行に関する判断にも関与してはならない、という点である。監査人自身が関係した、執行側の下した判断を評価するという自己撞着の状況に、監査人自身が身を置くことにもなりかねないからである。執行に直接関係する職務はもとより、執行にかかる判断にも監査役は関与してはならない。監査役の独立性を全うするためである。監査役が客観的な判断をするには、執行側から独立していることが不可欠で、それゆえ、「監査の独立性」という視点が常に重要視されるのである。

§6 総括

わが国の企業におけるコーポレート・ガバナンスの複雑化は、本来、大胆な改革をすべき取締役会の改革を避け、監査役監査制度に手を付けることによってもたらされた側面が非常に大きい。監査役監査制度の改革に関心が向かうのは、「監督と検査」という2つの側面をもった前時代的な監査観が関係者にとって魅力的であるからであろう。元来、監督の範疇に含まれるはずの職務が、法改正を通じて、少しずつ監査役に移し入れられている。すでに気づかれ、心配されている関係者も多いのではないだろうか。

「ルールはグローバル、ガバナンスはローカル」。確かに、ガバナンスは文化や風土の影響を受ける部分が大きい。文化を無視したガバナンスを構築しても、座りの悪いガバナンスになる可能性も大きい。しかし、あまりにもローカルの文化に囚われていくと、外国には理解されない、そしてやたらと複雑なガラパゴス化された仕組みがまかりとおり、最も重要な企業のガバナンス改革が一向に進まなくなる。監査制度は簡素化し、これまでのいきさつで付着した、本来監査機能とは無用なぜい肉を切り取り、監査機能が最も有効に機能する監査の立てつけに一新させる必要がある。

監査役監査制度は、入社から退職までの人生の大半を一企業組織に投じるサラリーマン社会と密接に関係している。入社以来、指揮命令系統のもとで勤務してきたサラリーマンにとって、情報の質の評価と業務の質の評価など、評価とその結果の伝達だけでその機能を完結する監査は、心情的に物足りなさ（寂しさ）を感ずるのであろう。他人の行為を評価しその結果を伝達するという意味での「監視」だけでなく、その人の身分・地位等に影響を有する権限を併せもつ「監視」が必要で、それをなかなか手放せないのである。それが「監督」という名の監視の本質である。サラリーマンであれば、なかなか捨て去ることのできない企業組織社会が生み出した郷愁、これが監督である。

指導・助言は、監査固有の機能ではなく、もとより監督にも関係する。しかし、評価とその結果の伝達でその職務を完結する監査人が当事者に対して与える指導・助言の意味と、監督にかかる権限を併せもつ監査人が当事者に対して与える指導・助言のもつ意味は、同じではないはずである。監査役が企業内出身の監査役でかつ常勤監査役であれば、彼らの行動は、おのずと本来の監査機能よりも監督機能に傾斜するかもしれない。とりわけ監査役の前職がたとえば副社長とか専務取締役といった経営上層部に属していれば、彼らは、心のもち方として、評価を中心にした監査や取締役の職務執行の適法性にかかる評価（適法性監査）を中心とした監査よりも、経営の在り方（舵取り）も交えた評価（妥当性監査という名の監督）に強い関心を抱くかもしれない。監査役監査における妥当性監査への傾斜とその推進には、こうした背景が働いているとも考えられる。反対に、前職が部長など、上級管理者層に属していれば、傾向として彼らの監査は「適法性監査」の傾向を強め、企業によっては、そのまま「監査役監査の内部監査化」が強まる可能性がある。

監査役監査の礎を確固たるものにするための残された方法は、——視点が狭いとの批判は承知のうえで——監査（監督＋検査）から「監督」を切り離し、監査を行為の評価とその結果の伝達、と純化して理解することである。そうすれば、監査役監査の改革の青写真は、おのずと、明らかになると思われる。

第10章　内部監査と受託責任

監査には、内部監査（internal auditing）という領域がある。職業会計士による監査を外部監査（external auditing）と称し、それと対比するために使われており、事業体組織内部で行われている監査の総称である。内部監査活動をとりわけ株式会社企業内に定着させ、それを発展させることは容易ではない。内部監査活動をいかに充実させても、それは企業業績への貢献やキャッシュ・フローの増加にはなかなか寄与しない。であるからこそ、いかなる経営上の目的の実現を目指して、いかなる態勢を社内に用意し、いかなる内容の内部監査活動を、どの範囲で実施するかは、最高経営責任者（以下、経営者）の理解と判断によって影響を受ける。一言でいえば、内部監査が有効に機能するかどうかは、経営者が負っている**受託責任**をどのように受け止め、理解し、その実施に向けて、どの程度の経営資源の投入を決断するかにかかっている、といえる。内部監査の本質も、財務諸表監査や監査役監査と同様、受託責任監査にある。

内部監査は、経営者の判断にすべて任されるべき純粋な経営事項である。それは、法によって強制される実務ではない。法による制度化という後ろ盾が与えられないだけでなく、監査に対する日本人独特の抵抗感も相まって、内部監査を啓蒙し、その導入と充実を促すことは容易ではなかったであろうし、現在においても、基本的には変わらないと思われる。いまだ内部監査に対して消極的とみられる上場会社は、少なからず存在している。また、経済が不況期に向かい始めると、経営者はリストラ策として真っ先に内部監査部門の縮小に乗り出すという現象がしばしばみられた。とりわけ戦後から相当長い期間にわたって、内部監査の啓蒙・普及がいかに難しく、また厳しかったかは推察に難くない。

戦前においても内部監査は実施されていたが（神馬 1944年）、戦後、わが国の企業社会において内部監査が着実に普及し、発展してきたのは、日本内部監査協会による内部監査の継続的な啓蒙活動があったからである。同協会の内部監査の分野に果たした貢献の大きさと、啓蒙活動の過程で抱えたであろう苦労と心配の大きさは、ともに認識されなければならない。

内部監査の在り方は、いうまでもなく、企業の規模、業種・業態・事業展開（ビジネス・モデル）はもとより、経営者の意識によって異なり得る。各社各様といってよく、そのため、内部監査についての一般的な／学術的な議論はなかなか深まらない、という側面を本質的に有している。にもかかわらず、内部監査について一般的な議論や内部監査全体の枠組みを理解できるようになったのは、日本内部監査協会（以下、「協会」という。）が、アメリカの内部監査人協会（The Institute of Internal Auditors：ＩＩＡ）の公表してきた内部監査にかかる意見書や基準（以下、「ＩＩＡ基準等」という。）を範とし、それをわれわれの企業社会と学界に移し入れてきたからである。内部監査に従事する実務家も、この分野に学問的な関心を抱く研究者も、基本的には、同協会の策定した『内部監査基準』（以下「内部監査基準」）を受け入れ、その線上で議論や研究を行ってきた、と総括してよいであろう。協会による内部監査の啓蒙活動は、基本的には「ＩＩＡ基準等」の影響を受けながら、直接的には「内部監査基準」を通じて図られてきた、と評してよいであろう。

協会は、「内部監査基準」の改訂を通じて、環境の変化に対応する内部監査の本質的な意味内容を検討・拡大してきた。協会が公表した最新の「内部監査基準」には、「経営者への奉仕」を特に強調した、かつての「内部監査基準」が標榜していた内部監査観だけでは捉えることのできない、新たな内部監査基準に脱皮しようとする意識が働いているように推察される。内部監査に関する「旧」と「新」のせめぎあいを著者は認識するが、その〝せめぎあい〟を内部監査基準の枠組み全体の見直しという形ではなく、「内部監査基準」における規定の文言上の改訂で解決しようとしたことにより、以下に紹介する「内部監査基準」（２０１４年改訂：以下「２０１４年内部監査基準」）における「内部監査の本質」が非常に理解の難しい、相当の解釈・推測を読み手に強いる結果となっている。

内部監査の本質

内部監査とは、組織体の経営目標の効果的な達成に役立つことを目的として、合法性と合理性の観点から公正かつ独立の立場で、ガバナンス・プロセス、リスク・マネジメントおよびコントロールに関連する経営諸活動の遂行状況を、内部監査人としての規律遵守の態度をもって評価し、これに基づいて客観的意見を述べ、助言・勧告を行うアシュアランス業務、および特定の経営諸活動の支援を行うアドバイザリー業務である。

本章では、「2014年内部監査基準」において「内部監査の本質」と表記されている規定（以下「本質規定」という。）について[1]、われわれが違和感を覚えるところを少し学術的に指摘することにする。「内部監査基準」とわが国において現実に行われている内部監査実務との間の距離を縮めることにより、「内部監査基準」の存在感とその意義が一段と増すことを期待している。

1　われわれは、本章の執筆に際して、内部監査がどのように定義されているかに注意をはらった。「内部監査基準」において、唯一定義らしきものとして明示されているのは「内部監査の本質」（1.0.1）であるが、もしかすると、内部監査自体の定義は、内部監査の『専門職的実施の国際フレームワーク』（*International Professional Practice Framework*：以下、「国際フレームワーク」）における「内部監査の定義」に委ね、日本内部監査協会としての定義は明示していないのではないか、との判断に至った。われわれが「本質規定」と理解し、内部監査を定義した規定として理解していない理由はここにある。

§1　内部監査を捉える枠組み

わが国の株式会社企業において行われている内部監査を理解するうえで、不可欠と考える視点が2つある。これらの視点をどのように内部監査基準に反映するかが重要である。「わが国の」との修飾語が付されているのは、その視点を度外視して、あるいは軽視して、内部監査――したがって内部監査基準――を論じても、わが国において実施されている内部監査の実態を内部監査基準を通じて理解することは難しい、と考えるからである。もとより、これらの視点それぞれは、協会が十分に認識してきたものであろう。「本質規定」の理解が難しく、また規定内容に違和感を覚えるのは、内部監査基準の改訂に際して、これらの視点を、基準自体の枠組みにおいてではなく、文言の手直しを通じて「本質規定」に可能な限り反映させたい、との関係者の意識が働いていたためであろうと推察している。規範とはいえない「内部監査基準」が抱えている限界が、その本質についての記述を難しくしている、ともいえるのである。

なぜ、2つの視点を反映した内部監査の枠組みが必要なのか。それは、協会が、内部監査基準の策定に際して長い間範としてきた「IIA基準等」とりわけIIAの国際内部監査基準審議会が策定した『内部監査の専門職的実施の国際基準』(*International Standards for the Professional Practice of Internal Auditing*：以下、「IIA国際基準」)[2]は、①アメリカのコーポレート・ガバナンスの型を前提にし、かつ、②内部監査の職業専門家としての公認内部監査人（Certified Internal Auditors：ＣＩＡ）が、まさに財務諸表監査の職業専門家としての公認会計士（Certified Public Accountants：ＣＰＡ）の場合と同様に、企業監査に関与するという実情を反映して策定されたものである、と考えられるからである。「ＩＩＡ基準等」とりわけ「ＩＩＡ国際基準」は、その意味で、かつての「一般に認められた監査基準」（Generally Accepted Auditing Standards：ＧＡＡＳ）と同様、職業専門家のための専門職業基準（professional standards）であり、かつ、内部監査に関する規範である★10。

われわれが「内部監査基準」に対して若干の違和感を覚えるのは、上記の2つの前提そのものが——業務のＩＴ化やＡＩの業務利用がますます普及し、かつ、高度化する将来において、変わっていくであろうことは予想しているが——現在のわが国においては十分に成り立っていないのではないか、と考えるからである。また、そのような知覚を

2　IIA が 1978 年に策定した *Standards for the Professional Practice of Internal Auditing* について、IIA 一東京支部は、当初（1979 年 1 月）、『内部監査の職業的実務基準』と訳出していた。しかし、その後 “Professional Practice” については、日本内部監査協会・IIA-Japan は、「専門職的実施」という訳を当て、「内部監査の**専門職的**実施の基準」と表記している。この姿勢は、IIA から公表されたフレームワークや国際基準の日本語表記について踏襲されている。われわれは、無用の混乱を避けるために、本書では、協会の訳による表記を採用しているが、行論から明らかなように、「**専門職的**実施」と、企業内の内部監査担当者を強く意識したがごとく思われる表記には違和感を覚えている。

★ 10　監査基準の規範性について

監査基準という言葉が付されているがゆえに、それは必ず遵守されなければならない監査人の行為を規定する規範（norm=musts）である、と即断してはならない。ある基準が規範性を有するには、一般的にいえば、当該基準の遵守を求める規定や文化があり、遵守されなかった場合には、当該規定に基づいて何らかの制裁が課されるという関係が必要である。公認会計士の場合には、日本公認会計士協会の定めた『倫理規則』（第5条第2項）があり、また、たとえば金融商品取引法のもとでの財務諸表監査においては、金融商品取引法第193条の2第5項の規定を受けて、財務諸表等の監査証明に関する内閣府令第3条第2項・第3項によって、「一般に公正妥当と認められる監査の基準」の遵守が義務づけられている。同様に、アメリカの公認会計士の場合には、アメリカ公認会計士協会の『職業行為規則』202によって、さらに上場会社の財務諸表監査においては、現在、SOX法第101条により設置された公開会社会計監視委員会（Public Company Accounting Oversight Board: PCAOB）が設定する監査基準が、監査規範として機能している。また、IIAに会員登録しているアメリカの内部監査人においても、同様に、IIAが策定した『倫理綱要』（Code of Ethics）中の「倫理行為規範」（4.2）において、「内部監査業務を『内部監査の専門職的実施の国際基準』に従って行うこと。」と規定され、「IIA国際基準」への遵守が求められている。

一方、監査役については、日本監査役協会が策定した『監査役監査基準』を遵守することは求められていない。同様に、内部監査人／内部監査士においても、「2014年内部監査基準」の「内部監査基準の目的・運用」の箇所において、「内部監査基準の遵守を強く求める傾向が近年海外で強まっているけれども、内部監査基準は組織体における内部監査にあたり実施可能にして合理的である限り遵守されなければならない性質のものである。」といみじくも述べられているように、日本内部監査協会が策定した「内部監査基準」の遵守は義務づけられていない。その意味で、ともに監査上の指針（audit guidance）にとどまり、監査規範とはいえないのである。

可能とするアンケート調査（日本監査役協会・監査法規委員会　2017年）や研究会報告書（日本内部監査協会　2016年）も公表されている。換言すれば、「内部監査基準」に基づいて、わが国における内部監査の実態を理解し、その改善・強化を模索するには、**この視点に基づく内部監査の枠組み**による分析が必要である。なぜか。それは、公認会計士による財務諸表監査と違って、内部監査の状況は各社によって異なり、それを微妙な言い回しを通じて説明することに無理がある、と考えるからである。

第1の視点——内部監査責任者の企業における立ち位置

内部監査を捉える第1の視点は、内部監査責任者が当該企業組織や事業体に属する従業員——たとえば内部監査部門長——であるのか、それとも内部監査に従事する際に第一義的に「倫理行為規範」を遵守する職業専門家——たとえば公認内部監査人——であるのかを内容とする、内部監査人自身の企業との関係における「立ち位置」に関係している（第20図）。後述するように、わが国の内部監査の状況は、ほとんどの場合、前者である、と認識している。日本内部監査協会が、内部監査基準の策定に際して、現在大きな影響を受けている基準は、（従来の「IIA基準等」ではなく）、むしろIIA国際基準であると解される。しかし、わが国における内部監査の遂行者の現実に照らして考えれば、わが国の内部監査基準は、職業専門家である公認内部監査人のための専門職業基準ではなく、内部監査部門に配属された

第 20 図　内部監査責任者の企業との立ち位置

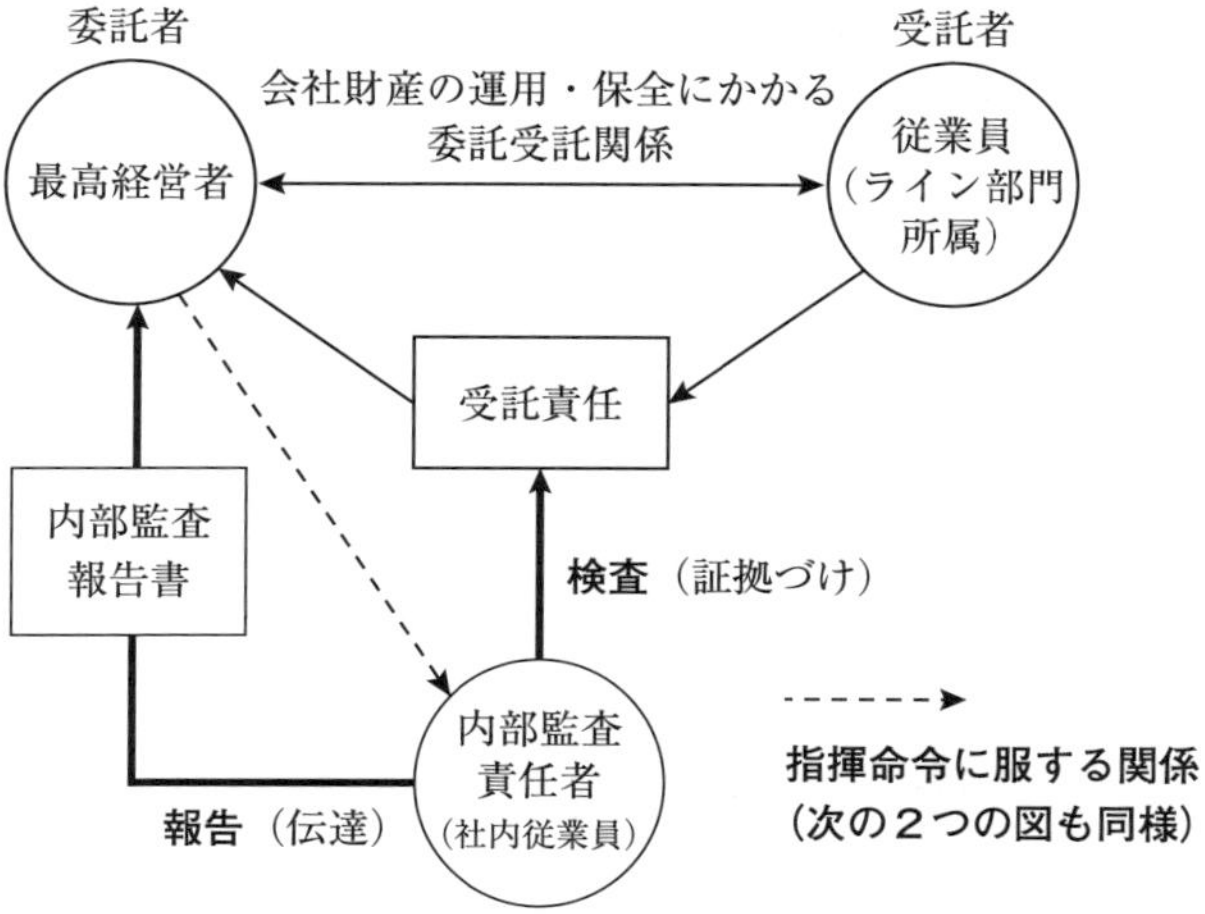

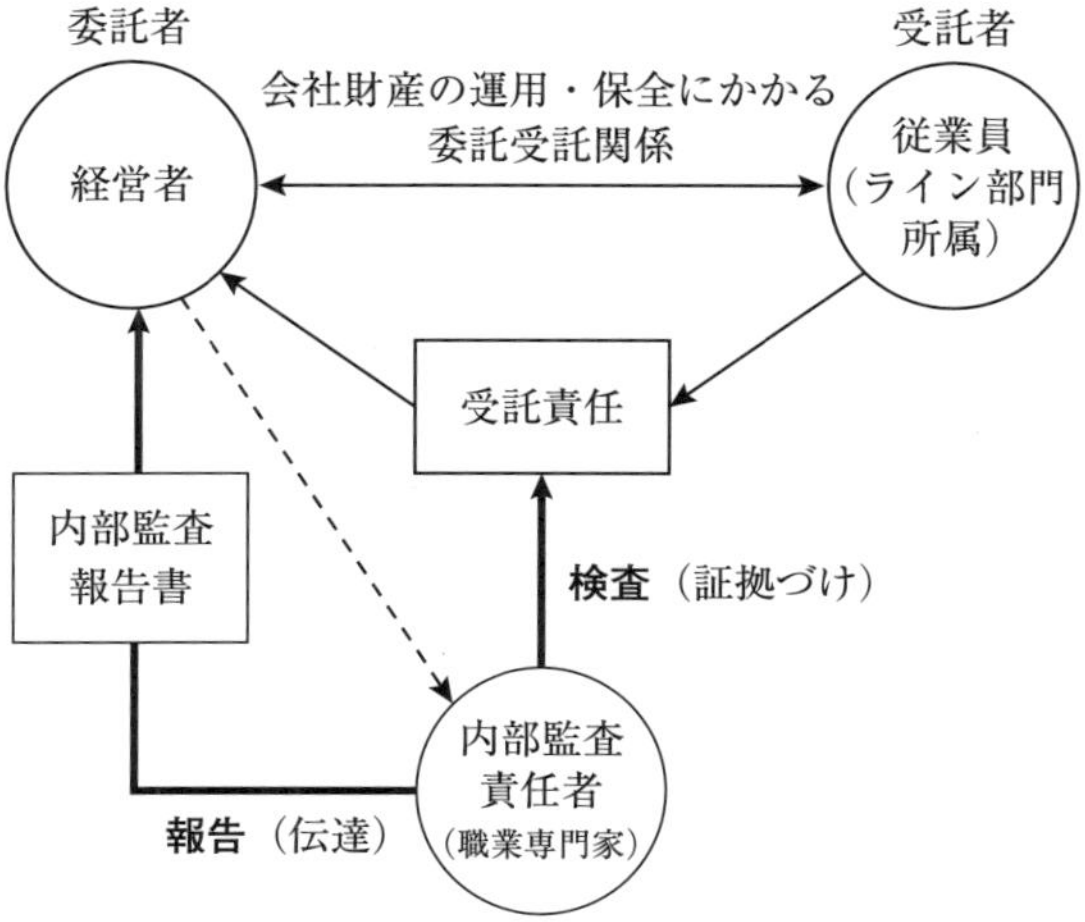

第21図　内部監査部門と企業のガバナンスとの関係

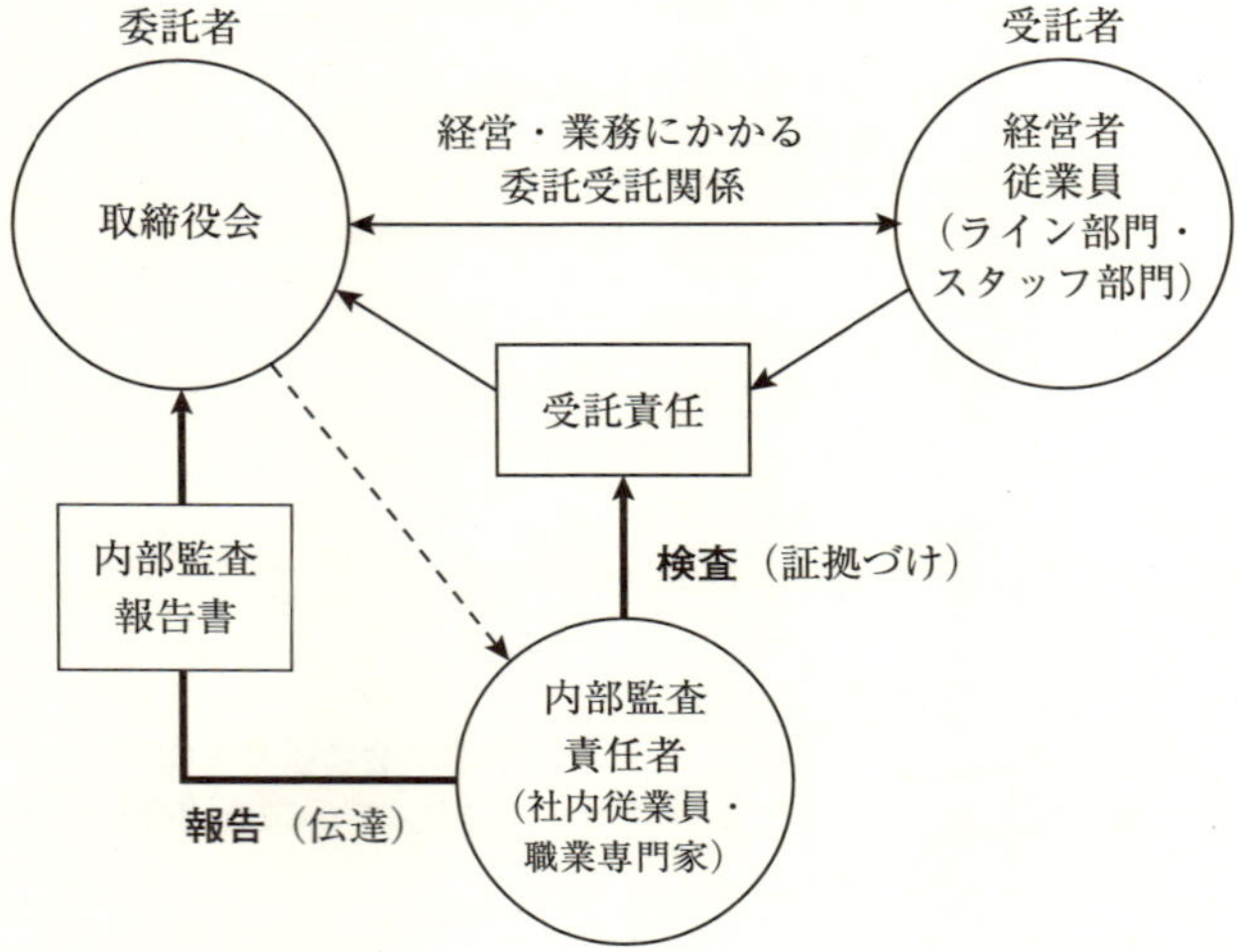

内部監査担当者（専門職）のための指針と捉える必要がある。企業内の内部監査担当者（専門職）にとっての指針という性格は、どのように内部監査基準に反映されるべきなのであろうか。

第2の視点――内部監査部門と企業のガバナンスとの関係

第2は、当該内部監査部門が取締役会（ないし監査委員会）のもとに置かれているのか、それとも監査役会設置会社の場合には代表取締役社長――指名委員会等設置会社の場合には代表執行役社長――に直属しているのかである（第21図）。内部監査部門がどこに（誰に）属している

第22図　内部監査を捉える基本的枠組み

		内部監査部門が属する経営主体	
		経営者	取締役会（監査委員会）
内部監査責任者の属性	従業員（専門職）	I	II
	職業専門家	III	IV

かによって、内部監査の在り様は異なり得る。また、それに第1の視点を加えると、さらに大きく異なるであろう。いずれに帰属していても、内部監査が「経営者に奉仕する」（internal auditing **for** management）という本質は変わらないが、取締役会に帰属する場合には、それに「経営（者）の内部監査」（internal auditing **of** management）という側面が付加され、内部監査責任者の立ち位置によっては、極めて厳しい内部監査の状況（アメリカ型内部監査あるいは内部監査の世界標準）に近づくことになる。

詳細は「§5『2014年基準』にみられる内部監査の本質」に委ねるが、われわれが考える内部監査を捉える基本的枠組み（第22図）をまず示しておくことにする。なお、この枠組みについての詳細な説明と分析は197頁以下になされている。

§2　揺れる内部監査概念

わが国においては、内部監査なる概念は必ずしも定まっていないように思われる。日本内部監査協会が、内部監査を正面から定義することを避け、すでに言及したように、「内部監査の本質」という形で内部監査の説明をしたのは、わが国固有の内部監査論議があったことも関係していると思われる。

第1の論議は、すでに過去のものとなっているものと思われるが、同じような考えを抱いた／抱いている企業関係者もおられるかもしれない。戦後わが国の内部監査の初期の展開過程において、企業内で行われる業務の評価活動について、「内部監査」という用語を当てることに対して、大学教授（実務家出身）が疑問を呈したことがある。それは、監査ではなく、経営管理プロセス——昔であればＰＤＳ（Plan-Do-See）、現在であればＰＤＣＡ（Plan-Do-Check-Action）——における段階（See/Check）にすぎないと。現代的な文脈に従えば、それは、経営管理プロセスそのものではなく、そこに組み込まれた「内部統制を構成する要素」の1つとして——**監視活動**（monitoring）**における独立的評価**（independent evaluation）として——捉えるべきである、との主張も可能であろう。企業組織内で行われる業務に対するフォーマルな評価は「監視活動」の1つであり、経営管理プロセス（management process）に組み込まれていることは確かであるが、「証拠に基づく独立的評価とその結果の伝達」という側面を切り出し、それを内部監査という概念で捉えても十分に説明可能であると思われる。以下がその理由である。

・経営者と従業員（ライン部門に従事する）との間の財産の費消と保全管理に関する委託受託関係が根底に存在していること
・監査の主題が明確であり、従業員の行為（業務）が対象であること
・評価に適用されるべき規準として、経営者の定めた行動指針、経営方針、各種業務マニュアルや権限規程、そして業務に関する関連法規が識別できること
・評価活動に従事する担当者もしくは担当組織は、ラインからは独立したスタッフとして位置づけられているなど、企業組織における独立性が、企業によって異なる場合もあるが、確保されていること
・監査規範ではないが、内部監査スタッフの行為の指針としての内部監査基準が存在していること
・評価活動の結果は、通常の場合、フォーマルな伝達媒体（監査報告書）を通じて経営者に伝達されること

内部監査という用語の理解に関する第2の論議は、監査役監査の基本的性格に関しても行

われてきた。しかし、この論議も、ほとんど現代的な意義を有していないかもしれない。株式会社の〝内部〟で行われている点に注目すれば、監査役監査は内部監査といえないこともない。また、現実に行われている監査役監査のなかには、取締役の職務の執行を対象とするのではなく、従業員の業務を対象とし、その結果を社長に報告しているにすぎない「監査役監査の内部監査化」といえるような〝実態〟もある。こうしたことも影響したのであろうか、あえて〝内部監査〟と称する向きもあったように思われる。

一方、監査役監査において、監査役が提供する監査用役の受益者は株主であり、また、監査役は執行の機関である代表取締役社長の指揮命令系統に属するものではない。そのことを強調して「監査役監査は外部監査である」と主張する学者や実務家は多い。しかし、それでも、監査役監査の本質を的確に表現しているとは思われない。監査役監査の本質は、企業組織に対する監査でも企業組織内部の監査でもなく、「団体の監査」であるからである[★11]。これに対して、内部監査は、基本的に、社長を頂点とする事業組織（企業）における監査である[★12]。

内部監査の全体または一部を外部の監査法人等に業務委託した場合、そこで行われる監査は、やはり外部監査と呼ぶべきなのであろうか。監査を「内部か外部か」という視点で分類することは、初学者には一見わかりやすいが、監査の内実を表現する概念ではない。「内部監査」の場合の「内部」の使い方を厳格にしない限り、監査を内部と外部に分ける考え方は、

★ 11　株式会社の二面性と代表取締役社長について

若干奇異に思われるかもしれないが、たとえばトヨタ自動車株式会社を外からみると、1つの企業であるが、それを内からみると、法人格が与えられた団体としての側面と事業組織としての企業という側面との二面性を有している。前者を manage することを「運営」といい、後者を manage することを「経営」という。代表取締役社長という名称は、法人における執行の長であり、法人を第三者に対して代表する「代表取締役」と事業組織の長である「社長」を併せたものである。監査役監査は、基本的には、団体（法人）の監査である。

★ 12　会計検査院検査について

議論が少し横に逸れるが、会計検査院検査は内部監査なのであろうか、それとも外部監査であろうか。行政の一組織として設置されているものの、会計検査院の広報によれば、国会および内閣のいずれにも属さない“中立の”機関と説明されている。会計検査院長を任命するのは内閣総理大臣であり、会計検査院検査報告書は内閣総理大臣に提出される。したがって、会計検査院検査は、基本的には、執行の長である内閣総理大臣が所轄する行政組織における内部監査（検査）である、といえる。これに対して、アメリカの政府監査組織（Government Accountability Office: GAO）は、立法府である議会に属しており、その意味では、外部監査に近い。GAO の検査報告書は直接、議会に提出される。

すでに過去のものになっているのかもしれない。

§3　内部監査が基礎を置く委託受託関係と内部監査部門の立てつけ

すでに言及したように、内部監査も受託責任監査である。会社財産の運用・保全を委ねられている経営者と、その経営者から当該財産の運用・保全を行う権限を委託された従業員との間の委託受託関係を前提に、職制上スタッフとして位置づけられている内部監査部門が、職制上ラインとして位置づけられている部門の従業員の受託責任を実質的に解除することを目的とした**受託責任監査**である。内部監査の原点はここにある、と考えている。

ただこの段階で若干頭の隅に置いておかなければならないことは、内部監査部門がどこに位置づけられているかによって、内部監査による評価を受ける者、評価される対象とその範囲、内部監査の厳しさが変わってくる可能性がある、という点である。たとえばグローバルな企業においては、内部監査部門は経営者に直属し、指示を受け、経営者に対してまず報告する、という旧来の（伝統的な）考え方ではなく、取締役会（ないし監査委員会）のもとに置かれ、監査委員会からの指示を受け、監査委員会に対してまず報告するという方式が採られており、この方式こそがスタンダード（国際標準）である、との指摘もある。内部監査部門は経営者に直属し、経営者の指示を受けて内部監査活動を実施し、その結果を経営者に報告することによって、経営者が行う経営・経営管理に資するという原点が弱まり、反対に、従来の内部監査が潜在的に有していた限界が、アメリカにおいては企業不祥事（経営者不正）を通じて強く認識されるようになった。

たとえば、内部監査部門が経営者の意向や指示を受けて内部監査を実施した状況において、経営者自身にとってマイナスとなる重大な事実関係を検出した場合に、第1に、内部監査部門長が当該事実関係を経営者に直接報告することは非常に考えにくいこと、第2に、仮に内部監査部門長が経営者にそのまま報告した場合において、経営者がそれを取締役会に報告することはさらに考えにくいことなど、内部監査部門が独立的に機能することは、同部門の企業組織内の立てつけから考えて難しいからである。とりわけアメリカにおいては、各州会社法や連邦証券諸法が、企業の業務執行に従事する経営者の行為――不正や法令違反行為――を監査する、わが国における監査役監査制度に相当する仕組みを用意していなかったため、その役割が取締役会（監査委員会）に求められ、具体的には内部監査部門を取締役会のもとに置くことによって、経営者の行為を監視しようとする機運が1977年の海外不正支払防止法の制定を契機として、1980年代以降次第に醸成されていた。こうした取締役会側のニーズに応えたのが、内部監査の職業専門家として、アメリカの企業社会においてそれなりの評価と信頼を得ていた監査プロフェッショナルとしての公認内部監査人であった。すなわち、内部監査部門の経営者からの独立性が重視されるようになると、職業専門家としての内部監査人を責任者とする内部監査部門を、経営者ではなく取締役会（ないし監査委員会）のもとに置く内部監査の在り方が次第に注目されるようになったのである。

ＩＩＡは、ガバナンス機関（取締役会）の監督機能の一部としての役割を、内部監査部門に求めた。その意味では、けっして経営者のためにのみ設置される「経営者に奉仕する」部門ではないのである。この状況は、確かにわが国における内部監査部門の状況とは異なるが、これを「世界の標準的な考え方とのギャップ」（ＣＩＡフォーラム研究会報告　２０１６年　56頁）と捉えてよいかどうかは、別の問題である。というのは、監査役会設置会社における内部監査部門のこのような立てつけには、会社財産の運用・保全にかかる委託受託関係の当事者ではない取締役会が関与することになり、もはや「委託受託関係に基づく受託責任監査」という監査の本質から相当離反してしまうことになるからである。

結局、いわゆる〝内部監査の国際標準〟を内部監査のあるべき姿として模索し、そのための議論を強めていくと、わが国の場合には、監査役監査、内部監査、そして両者間の関係に関して、その本来の在り方が見失なわれ、それぞれの監査のもつ独自性――固有の役割――がみえにくくなってしまうのではなかろうか。換言すれば、監査役監査であれ、内部監査であれ、「監督」という機能に魅せられ、引き付けられ、その結果としてその機能を拡げていくと、最も大切にしなくてはならない監査の本質部分が、希薄あるいは曖昧になるのではなかろうか。監査機能（auditing）を監督機能（supervision）という視点に結びつけて考えることは、結果として監督の論理に引き寄せられ、監査の独立性を捉える視点を複雑にさせるだけでなく、監査の独立性を毀損させ、〝監査の液状化〟と称してよいような状況を生み出してしまうのではなかろうか。

いうまでもなく、内部監査部門が実施する業務の評価は、その検出事実とその分析結果を内部監査人の評価を付して、監査の依頼者である経営者に報告することで完了する。これが受託責任監査としての内部監査の役割であり、その境界である。検出事実が経営者の不適切な／不誠実な／不実な受託責任の行為に深く関係していたとしても、かかる事項の報告は、第一義的には直属の長である経営者に、第二義的には受託責任監査に従事している監査役に、そして当該事項が財務諸表に重要な影響を与えると判断される場合には、会計監査人に伝えられるべきである。

しかし、いずれの場合であっても、当該検出事項に対する評価結果に照らし、問題とされる行為の実行者に対していかなる処分や制裁を科すかは、「執行」または「監督」の範疇に属する。すでに述べた中世のイギリスの会計監査にみられたような監督は、現代企業の内部監査部門においては行われていないもの、と推察している。「監督」と「監査」の分離は、おそらく内部監査の領域では徹底されているのであろう。

§4　受託責任監査としての内部監査

受託者が委託者に対して負っている受託責任の内容は多岐に及び、その範囲は広いので、内部監査であれば、受託責任が包含する業務領域をすべてカバーしなければならない、というわけではない。いかなる内容の受託責任監査を内部監査部門に求めるかは、当該企業組織の長である経営者が決定することになる。内部監査は各社各様で行われているので、厳密な一般化は難しいが、第6章で識別した「財産の保全」の意味（117〜118頁）に従えば、(b)・(c)不正・誤謬からの財産の保全を起点とし、(d)未承認・不承認の取引からの財産の保全を加え、次第に(f)無駄からの財産の保全を視野に入れ、そして最終的には(g)非効率からの財産の保全へと、評価対象を拡大してきたと考えられる。

(e)法令違反からの財産の保全の重要性は、最近の企業経営においては極めて重要視されるようになってはいるが、この領域の業務評価を内部監査部門にどれだけ厳しく求めるかは、まさに経営者の意識によるところが大きいのではないだろうか。企業間の競争がし烈な市場において、「法令に従って業務をしていれば、利益なんか出るはずはなく、生き残れない」と、法令違反もあえて厭《いと》わないことを、それとなく示唆する経営者あるいはそれを許す企業風土もあり得るからである。法令遵守の重要性が、何度も繰り返され強調されているにもかかわらず、繰り返される独占禁止法違反（談合）は典型的な例であろう。

また、業務に対する内部牽制が有効に機能し、(b)・(c)が十分に達成されているとの判断がなされるようになると、経営者はより多くの内部監査資源を(f)や(g)に投入しようとするであろう。業務の効率性あるいは事業の効率性の評価が、内部監査部門の主たる役割となる。わが国を代表する国際的な大企業では、一般に「効率性監査」と呼ばれている分野が、内部監査の中心となっているかもしれない。内部監査活動がいかなる意味の財産の保全を重視しているかによって、その企業の内部監査がいかなる発展段階にあるかを理解することができる。中小規模の企業では、利用可能な経営資源に制約があるところから、どうしても(b)・(c)が中心にならざるを得ないかもしれない。残念であるが、わが国の企業における内部監査が、どのような受託責任監査を模索しているのか、また模索してきたのか、制約のある監査資源をどのような段階の受託責任監査に、どの程度投入しているのかを、丁寧に調査した内部監査研究は、（われわれの理解では）これまで発表されていないように思われる。

§5 「2014年基準」にみられる内部監査の本質

日本内部監査協会は、『内部監査基準』（2004年改訂：以下、「2004年基準」という。）を10年ぶりに見直し、『内部監査基準』（2014年改訂：以下、「2014年基準」という。）において、現代企業に適用できる内部監査の本質を以下のように定めた。

内部監査とは、組織体の経営目標の効果的な達成に役立つことを目的として、合法性と合理性の観点から公正かつ独立の立場で、ガバナンス・プロセス、リスク・マネジメントおよびコントロールに関連する経営諸活動の遂行状況を、内部監査人としての規律遵守の態度をもって評価し、これに基づいて客観的意見を述べ、助言・勧告を行うアシュアランス業務、および特定の経営諸活動の支援を行うアドバイザリー業務である。（再掲）

上記の内部監査の本質にかかる規定（以下、本質規定）を「2004年基準」におけるそれと比較する限り、そこに内部監査概念自体に対する同協会の本質的な意識の変化があるようには思われない。上記の本質規定には、「ガバナンス・プロセス」、「リスク・マネジメント」、および「コントロール」なる用語が含まれているが、これらは「2004年基準」において導入されたものであり、今回の改訂で新たに追加されたものではない。また、「アシュアランス業務」・「アドバイザリー業務」についても、「2004年基準」において使用されていた「監査業務」や「診断業務」の表現を整理したものである。

本質規定は、わが国の企業社会における内部監査を取り巻く内外のさまざまな変化や展開を踏まえ、それらを十分に吸収できるように考慮されたものであろう。また同時に、内部監査を取り巻く内外の新たな展開を踏まえつつ、本質規定の改訂を行うことの難しさと関係者の苦悩がみてとれる。本質規定において意識されているように、内部監査が対象とする領域

第22図　内部監査を捉える基本的枠組み（再掲）

		内部監査部門が属する経営主体	
		経営者	取締役会（監査委員会）
内部監査責任者の属性	従業員（専門職）	Ⅰ	Ⅱ
	職業専門家	Ⅲ	Ⅳ

は拡がり、内部監査についての本質的な理解は、その意味で、広義である。この本質規定を通じて、内部監査実践に対して、新しい視点や刺激を与えようとする協会の積極的な姿勢が感じられる。その一方において、「内部監査部門の組織上の位置づけ」に関する規定の改訂の影響であろうか、本質規定が明確ではないことも指摘しておかなければならない。この本質規定のみならず、それ以上に内部監査の基本的性格を変質させてしまう契機となる規定の改訂が、「内部監査部門の組織上の位置づけ」に関する規定の改訂である。すなわち、内部監査の独立性に関して、従来の「組織上、原則として、最高経営者に直属し」とされていた規定を、「組織上、最高経営者に直属し、職務上取締役会から指示を受け」とする規定への改訂である。われわれは、この点に特に注目し、検討を加えることにしたい。ここで本章の最初のところで示した内部監査を捉える基本的な枠組み（第22図再掲）を想起してもらいたい。

類型Ⅰ——概観

常識的に考えると、わが国の企業における内部監査は類型Ⅰであろう。類型Ⅰは、会社財産の運用・保全に関する経営者と従業員との間の委託受託関係をそのまま受けた内部監査の態様であり、わが国の企業社会において、伝統的に理解されてきた内部監査の態様である。まず、わが国における内部監査の状況を、関連協会が行った調査に基づいて概観的に説明することにする。

2014年の調査結果ではあるが、日本内部監査協会発行の『2014年監査白書』（2015年）によれば、「全体の79・1％の企業（1、324社）において、内部監査部門は社長に直属している」との結果が示されている。また、日本監査役協会・監査法規委員会が実施したアンケート調査結果（2017年）によれば、「調査回答企業612社中の80・2％の企業（491社）において、内部監査部門は社長に直属しており、内部監査部門の所管役員は社長所管が67・0％（410社）と多数である。」この社長に直属している企業は、監査役設置型会社の場合460社（80・0％）であるが、委員会設置型会社においても31社（83・8％）となっている。

委託受託関係を厳密に捉えれば、内部監査部門を所轄する責任者は経営者であるが、企業規模が大きくなれば、社長が直接担当することも難しくなり、他の執行系列の役員——業務執行取締役や執行役（監査役設置型会社の場合61社［10・8％］、委員会設置型会社の場合2社

〔5・4%〕)——、役員でない従業員——管理部長、経営企画室長、法務部長——に所轄させている場合もある。ただ、監査役会、監査委員会または監査等委員会のもとに内部監査部門を位置づけている企業も若干みられるが、このような位置づけのもとでの内部監査部門の活動は、ここにいう類型Ⅰではなく、類型Ⅱに属する。内部監査部門は、本来、経営者の指揮命令下に設置すべきであり、ガバナンス強化という観点から監督機関あるいは監査機関に置くべきという、単純な議論とはならない。

類型Ⅰで「2014年基準」とりわけ本質規定を理解しようとする内部監査関係者が大半と思われるので、視点をいくつかに分けて少し詳細に考察することにしたい。

類型Ⅰ——内部監査の評価対象——経営諸活動 vs 業務活動

類型Ⅰの監査のもとでは、内部監査部門(内部監査部門長)は経営者の指揮命令下に入り、職制上スタッフ部門として、職制上ライン部門に属する従業員の業務を評価し、その結果を一義的には経営者(代表取締役社長)にまず報告する、という関係で行われる。こうした内部監査部門の活動を想定するならば、本質規定において、「経営諸活動」といった広義な用語はできるだけ避け、「業務」・「業務管理」など、従業員が従事する仕事にもっと引きつけた用語が有効なように思われる——「経営諸活動」という用語を使用したのは、協会関係者が類型Ⅰだけではなく、他の類型を想定したことの結果であろうとは推察しているが——。

類型Ⅰ——内部監査の独立性

類型Ⅰにおいて想定されている内部監査部門の独立性は、ライン部門からの職制上の独立性であり、経営者からの独立性は、当初から、想定されていないはずである。したがって、この意味の独立性を、類型Ⅰで取り上げることはできない。内部監査部門が取り上げる監査テーマは、経営者の方針や意向に基づいて決定されるのが通常であろう。経営者が望まないテーマの監査は一般的には難しく、またそれができたとしても、その結果のとりまとめは経営者の意向を反映したものにならざるを得ない。この状況を「経営者からの独立性の欠如」と総括することも可能ではあるが、それは内部監査部門の企業組織における立てつけから必然的にもたらされるものであり、**内部監査の限界**として理解するのが正しいと思われる。内部監査にはこのような限界が伴うからこそ、監査役監査の存在意義がある、と理解すべきである。監査役監査の内容と内部監査の内容は、その根底において本質的に異なる。それゆえ、監査役監査と内部監査部門の協調——「提携」とか「協働」という表現がなされている——は、実務において重要であることは確かであるが、そこには克服できない領域がある。むしろ、内部監査にはこうした限界があるからこそ、監査役監査の独立とその機能の純化が求められるのだと、議論を監査役監査の領域の問題として取り上げることが必要なのではあるまいか。

類型Ⅰ――企業内の内部監査の専門職vs内部監査の職業専門家

内部監査部長（内部監査責任者）についても、仮に本人が「公認内部監査人」の資格を有し協会に登録していたとしても、その身分は企業の従業員であり、それゆえ一義的に遵守しなければならない規範は、当該企業の職務規定や業務規程等であり、外部の職業専門家である公認内部監査人が遵守する『職業倫理』ではないはずである。したがって、本質規定の「内部監査人としての規律遵守の態度をもって」において言及されている「規律」の意味も、企業との関係における内部監査人の立ち位置によって異なる可能性がある。

関係者のなかには、日本内部監査協会が実施している内部監査士認定講習や公認内部監査人資格試験（ＩＩＡの実施する公認内部監査人資格試験）の合格者が、わが国の企業において内部監査という専門職に就いている状況、またその数が増加しているという状況が、無視あるいは軽視されているのではないか、との批判もあるのではないかと思われる。

われわれは、日本監査役協会・監査法規委員会（２０１７年）が実施したアンケート調査の興味ある結果を承知している。調査対象会社６３８社のうち回答会社６１２社において、内部監査部門職員が公認内部監査人の資格を有していると回答した企業は１００社――監査役設置型会社の場合には、平均人数２・０２、委員会設置型会社の場合には１・００――、また内部監査士の資格を有していると回答した企業は１１５社――監査役設置型会社の場合には、平均人数３・７４、委員会設置型会社の場合には、２・３３――であり、さらに、「情報システム監査専門内部監査士・公認情報システム監査人」を取り上げると（別々には集計されていないが）、この専門資格保有者を雇用している企業は39社――監査役設置型会社の場合には平均人数1・65、委員会設置型会社の場合には1・50――である。また、『2014年監査白書』（2015年）によれば、回答会社数1689社において、内部監査人のうち公認内部監査人の資格を有しているスタッフがいると回答した企業は403社、内部監査士の資格を有しているスタッフがいると回答した企業は539社、そして情報システム監査専門内部監査士の資格を有するスタッフがいると回答した企業は107社であった（公認情報システム監査人についての調査結果は示されていない）。

日本企業においても、内部監査部門に就いているスタッフの職務の専門職化が徐々に、そして確実に進行している状況がみてとれる。わが国においても内部監査人の労働市場が、業務のIT化やAIの業務管理への適用などを通じて一段と整備され、拡大していくものと予想している。と同時に、独立の内部監査の職業専門家が、経営者の招聘を受けて内部監査部門の責任者として就任する時代はそう遠くない、と予想している。

しかし、内部監査基準の策定においては、組織人として従事する内部監査の在り様と、第三者の職業専門家として従事する内部監査の在り様は、やはり、異なるものとして認識すべきである、と考える。換言すれば、両者を複眼的に睨みながら語句の使用を通じて、さまざまな態様の内部監査の型を想定し取り上げると、規定自体が曖昧となり、結果として、内部監査における説明や体系がどうしても影響を受けてしまうのではなかろうか。

類型I——内部監査の機能（アシュアランス機能・アドバイザリー機能）

本質規定は、内部監査の機能について「アシュアランス機能」や「アドバイザリー機能」という性格づけを与えている。独立の職業専門家としての公認内部監査人が、企業と契約を締結し、当該企業の役員として経営執行部の一翼を担い活動し、最高経営者に対して職業専門家として保証を与えるというアメリカの内部監査事情はともかくとしても、企業内の一組織が経営者に対して「アシュアランス機能」を発揮するとは、どういうことであろうか。そもそも「何」を経営者に保証するのであろうか。企業の内部監査担当者は、経営者に対して、このような機能を提供しているとの認識や実感をもっているのであろうか。また、そのような保証機能は、経営者に提出される監査報告書において、どのようなメッセージ（文言）を通じて行っているのであろうか。

想定される1つとして、内部統制の有効性——内部統制が整備され、適切に運用されていること——があるが、類型Iにおける内部監査において、内部監査部門長の役割は、かかる保証を、たとえば内部監査部門長の意見（総合意見）の表明を通じて経営者に提供することなのであろうか。保証ではなく、内部監査活動を通じて検出された、経営者の受託責任が適切に遂行されていないことを示唆する事実関係や状況と、それについての分析と是正（改善）

措置についての報告なのではなかろうか。内部監査の機能について保証という性格づけをするのであれば、「何」について、「どのような報告の形」で保証を行うのかについて、その内容が理解できる内部監査基準の体系と説明が必要であるように思われる。

穿《うが》った見方をあえてすれば、内部監査部門によるチェック（評価）を受けるということから、ライン部門の従業員が感ずる心理的な抵抗感を和らげ、むしろ「保証」という機能を強調することによって、内部監査に対する理解や協力を促すことにつなげたいとする意識がこの用語に込められている、といえないであろうか。同様の意識は、「コンサルティング業務」や「アドバイザリー業務」（かつては「診断業務」）という用語に言及していることにも表れているように思われる。

類型Ⅱ——概観

内部監査機能の強化や内部監査の執行からの独立の要請を受けて、わが国においても、類型Ⅱに属する企業がないわけではない。上述の調査結果でも、監査役設置型会社においても9社（1・6％）、委員会設置型会社でも1社が識別されている。これが内部監査の位置について「世界標準」と称されているものであり、バーゼル銀行監督委員会『銀行のためのコーポレート・ガバナンス諸原則』（2015年）の影響を受けてであろうか、欧米の金融機関では、内部監査部門を取締役会（ないし監査委員会）に直結させることが一般的なようである。

しかし、わが国においては、ガバナンスの態様（機関構成の型）にかかわらず、経営者（社長）に直結あるいは傘下の組織とするのが一般的なようである。

類型Ⅱに関して注意すべきことがあるとすれば、指名委員会等設置会社における監査委員会のメンバー（以下「監査担当取締役」［監査委員］）については、監査役会設置会社の監査役の場合と異なり、制度上は常勤であることは求められていないことである。したがって、監査担当取締役が全員非常勤取締役である場合には、監査委員会は業務執行取締役の職務の執行を監査するのに必要な情報を入手する術をもたないことになる。お察しのとおり、この情報提供を行うのが内部監査部門である。換言すれば、内部監査部門は、取締役会（監査委員会）の方針や指示に応じて、業務執行取締役の職務の適否や遵法性を判断するための活動を行い、その結果を取締役会（監査委員会）に提供するという役割を担うことになる。かくして、類型Ⅱで指名委員会等設置会社の場合には、内部監査部門長が取締役会（監査委員会）に対して、たとえば内部統制が整備され、全体として適切に運用されていることの保証を与えることの意味がある、ということになる。

いうまでもなく、類型Ⅱに属する内部監査部門においては、内部監査の目的や重点を置くべき目標等は取締役会で決定され――もちろん、経営者との協議で決定されることにはなると思われるが――内部監査部門の経営者からの独立性は、類型Ⅰに比して、格段に高まる。内部監査部門の監査結果はまず取締役会（監査委員会）に提出されることになる。さらに重要な点は、この類型のもとでの内部監査は、取締役会の指示を受けて、経営者である社長の行為を監視（評価）するという機能をもち、内部監査の結果によっては、社長の身分にも影響を与える可能性も否定できない。

類型Ⅱに属する日本企業の内部監査が、経営者の行為に対する監視機能を担っているとは考えにくいが、監査役設置型会社の場合には、従来の内部監査観の境界を超える権限や役割については、監査役が負うべき固有の役割と考えるべきであろう。むしろ、経営者の行為を監視する監査役監査制度が用意されていながら、内部監査部門にその役割を負わすということは、監査役監査の在り様に問題がある、と認識すべきなのではあるまいか。内部監査の在り方も、監査役監査の在り方が微妙に影響を与えている、といえるのではなかろうか。

類型Ⅲと類型Ⅳ

類型Ⅲは、内部監査の専門家として社会で認知されている外部の者（内部監査人）が、経営者から経営陣の一角への就任を依頼され、職業専門家として当該企業の内部監査を率いる形で、従業員の業務を評価し、その結果を経営者に報告するという関係で行われる内部監査の態様である。アメリカの企業社会では、当初、この類型Ⅲが相当普及していたと推察される。ちなみに、ＩＩＡから１９４７年に公表された『内部監査人の責任に関する意見書』(*Statement of Responsibility of Internal Auditors*) から１９７１年の改訂版までは、「経営者への奉仕」（service to management）が強く標榜されていた。

変化が表れたのは、ＩＩＡが１９７８年に策定した『職業専門家のための内部監査の基準』（*Standards for the Professional Practice of Internal Auditing*：以下、「ＩＩＡ内部監査基準」という。）であった。この「ＩＩＡ内部監査基準」では、内部監査の機能は「経営者への奉仕」から「組織体への奉仕」に変更されていた。「ＩＩＡ内部監査基準」が内部監査機能を「組織体への奉仕」に変更した背景には、(1)海外不正支払防止法（１９７７年）の制定により、経営者に対して内部会計統制の設定と維持が要求されたこと、(2)ＳＥＣが内部会計統制に対する監視（モニタリング）を独立取締役のみから構成される監査委員会に求めたこと、(3)監査委員会の設置がニューヨーク証券取引所の上場基準として明記されたことなどを受けて、取締役会（監査委員会）への奉仕を射程に入れる必要があったことが指摘できる。その意味で、「ＩＩＡ内部監査基準」は、「**経営者への奉仕・経営者のための（for management）監査**」から経営者も監査対象に含まれる「**組織体への奉仕・経営者の（of management）監査**」へと、従来の内部監査観に変更を加えるきっかけを与えた分水嶺であったと解される。

ただ、わが国において、この類型Ⅲに属する内部監査はあるのだろうか、この点を明らかにした資料が手元にないのが残念であるが、外資系企業（日本支社を含め）の場合には、内部監査の職業専門家である経験豊富な内部監査人が、経営者からの招聘を受けて、経営陣の一角として業務の監視と評価を行い、経営者に報告する状況があるのかもしれない。この場合には、当然のこととして、内部監査人には、職業専門家としての規律の遵守が求められることになり、内部監査基準もそれなりの意味をもってくるように思われる。

類型Ⅳは理念型としてはあり得るが、わが国の企業社会ではおそらくありえないのではなかろうか。この点も、類型Ⅲの場合と同様に、類型Ⅳの存在を裏づける資料がないのが残念である。一方、アメリカでは、職業専門家としての内部監査人（internal auditors）が、取締役会の招聘を受けて、取締役会（監査委員会）のもとに設置されている内部監査部門の責任者に就き、「組織体への奉仕」あるいは「経営の監査」に従事し、監査結果や分析結果等を取締役会に直接報告するという状況は、とりわけ上場会社の場合、ごく当たり前の状況になっているのかもしれない。

§6 総 括

すでに指摘したように、日本内部監査協会が範とした内部監査基準は、アメリカに所在するＩＩＡのわが国における代表機関という位置づけも関係して、ＩＩＡ基準等とりわけＩＩＡ国際基準を範としてきた。もとより、この方針が間違っていたというのではない。

１つだけ踏まえておかなければならないことは──もとより、日本内部監査協会関係者も承知のうえでのことであろうが──、アメリカでは、まさに職業会計士（ＣＰＡ）と同様に、内部監査人は専門的な資格が認定された、独立の職業専門家である、という点である。わが国でも、公認内部監査人という独立の職業専門家として、依頼人に対して内部監査業務を提供している場合もあると思われるが、その大半は企業内の内部監査部門に所属している業務担当者であろう。資格試験合格を通じて、公認内部監査人と認定されるところまでは同じであるが、特に企業との関係において、立ち位置に大きな違いがある。

内部監査人を独立の職業専門家として位置づける考え方は『内部監査の専門職的実施の国際基準』における内部監査の性格づけ――本質規定――に如実に表れている。内部監査の機能をもって、「アシュアランス業務」・「アドバイザリー・サービス」とする見方が重視され、その啓蒙が図られていることである。職業専門家である内部監査人の視点からすれば、彼らが提供する業務をもって、「アシュアランス業務」・「アドバイザリー・サービス」と称することに違和感はない。これは、会計・監査の職業専門家である公認会計士が、監査証明業務を「アシュアランス業務」と称することと同じである。

内部監査という行為に、「アシュアランス」という要素、そして「アドバイザリー」という要素はない、と否定しているわけではない。しかし、これらの用語が、わが国における内部監査の在り方を説明するうえで正鵠《せいこく》を射ているか、という点になると躊躇《ためら》いを覚える。われわれが本質規定に多少違和感を覚えるところがあるとすれば、まさに、この点である。わが国では、企業内内部監査人としての〝内部監査業務〟担当者であり、しかも、企業の人事方針のもとに他の部署から（への）異動を余儀なくされる従業員である。日米のこの大きな違いは、内部監査基準において内部監査をどのように位置づけるかに決定的に関係しているのではないか、と考えている。

日本内部監査協会が策定した『内部監査基準』、そしてそこに示されている内部監査の本質規定が難解であるのは、上記の類型Ⅰを中心に据えながらも、類型Ⅱも視野に入れ、かつ、同協会とアメリカの内部監査人協会との関係も影響して、職業専門家としての内部監査人の行為の指針あるいは専門職業基準としての内部監査基準の性格を重視せざるを得ないからであろう（類型Ⅲ・Ⅳ）と推察される。特に、コーポレート・ガバナンスの重要性がますます強調されるようになっている昨今、内部監査を取締役会との関係において位置づけ／説明しなければならない状況になったことが、結果として、内部監査の本質規定と『内部監査基準』の文言に影響を与えているように感じられる。『内部監査の専門職的実施の国際基準』の原文にある〝professional〟を、わが国流にアレンジして「専門職」と翻訳するとともに、ＩＩＡ認定国際資格を創設するなどして平仄《ひょうそく》を合わせようと努めているように解される。しかし、職業専門家なのか、企業内の専門職なのかの間には決定的な違いがある。やはり、何らかの〝交通整理〟が必要ではないか。もっとわが国の内部監査の実態をストレートに結び付けた内部監査の本質規定や説明が模索されるべきであろう。そうであると、わが国の企業の内部監査を捉える視点も、一段と研ぎ澄まされ、的確になるように思われる。

第11章　受託責任監査の現代的課題

すでに明らかなように、本書は、監査と他の類似行為との間の本質的違いを、財産の委託受託関係を基礎に置いた受託者の委託者に対する財産の費消、運用、管理、および保全にかかる受託責任の有無に求めている。読者のなかには、「受託責任会計」といった用語があるところから、随分古い概念をもち出しているのではないか、と思われる方もおられるかもしれない。そういう印象を持たれる方は、おそらく、受託責任の意味を非常に狭く理解しているものと思われる。受託者が、本来、財産の所有者であった委託者に対して、いかなる意味内容の受託責任を負っているかは、当該委託受託関係が存在していた時代によって異なっているはずである。重要な点は、受託責任概念の意味を再解明することである。

§1　受託責任ネットワークにおける監査

監査は、本質的に、受託者が委託者から委託された財産の運用・保全の状況とその顛末についての報告が適切になされていること、および当該財産が適切に保全されていることを、監査人が確かめることによって、受託者が負っている受託責任を委託者に代わって――委託者の利益に立って――実質的に解除することを目的としている。現実の社会において、いかなる監査が有効な形で実施されるかどうかは、基本的には、いかなる内容の受託責任が関係者の間で識別・限定されているかによって、さらには、受託責任の遂行状況を監査人が確かめる際に適用する具体的な規準が利用可能であるのか、関係者の間でそれが受容されているのか、受託責任の遂行の程度を客観的に判断するうえで必要な専門知識、技能、そして経験を監査人が備えているかどうか、といった要因によって影響を受ける。

受託責任の存在を必要としない監査――純粋に「言明の監査」――もないわけではないが、監査は基本的に受託責任監査と言い切ってよいのではあるまいか。われわれは、受託責任監査の具体的な表れ方を議論する前に、受託責任概念の現代的な意味内容をできる限り具体的に、かつ、体系的に模索する必要がある、と考えている。本書は、受託責任を理解するための1つの枠組みを示したものにすぎない。「スチュワードシップ・コード」なる用語がごく最近になって経済界を賑わせている。

しかし、スチュワードシップ（stewardship）なる用語は、現在の経済社会が突如生み出した〝時代の落とし子〟ではない。経営、会計、そして監査、これらの原点は、過去においても、また現在においても、まさにスチュワードシップにある。将来も変わることはないであろう。少し注意してわれわれの社会をこの視点からみてみると、マクロ的には経済社会のいたるところで、またミクロ的には企業（事業体）の組織内において、スチュワードシップを捉えることができる。その意味で、経済社会は、あるいは少し限定して企業社会、さらに限定して企業内組織は、スチュワードシップのネットワークであるともいえるであろう。かくして、受託者が委託者に対して負っている受託責任を個々に解除し、そのネットワークを全体として維持・機能させていく仕組みが必要なのである。この仕組みが監査である。

§2　受託責任と監査対象と監査人

監査が受託者の受託行為の検証に関与し、最終的には受託責任の実質的解除を通じて、当初の委託受託関係を一旦終結させ、次の新たな委託受託関係につなげるという点は、監査に付されている名称にかかわらず、共通である。しかし、委託受託関係を構成する当事者が具体的に識別されると、そこで存在する受託責任の内容が具体的になり、それを受けて、予定される監査の具体的内容も明確となる。1つの監査が、受託責任の意味内容全域を取り上げるのではなく、

①監査が前提とする委託受託関係の内容
②委託受託関係を構成する関係者間の利害の対立の程度（とりわけ、受託した財産の規模）
③委託者が受託者の行為を日常的にモニターできる程度
④監査の主題の複雑性

に照らして、特定の監査がかかわりをもつ受託者の受託責任の内容が限定され、かつ、特定の監査関係——誰が監査するか、監査人と委託者との関係、監査人と受託者との関係——が特定される。

受託責任のどの部分を監査の対象として取り上げるのか

監査の在り方を考えるには、報告責任を取り上げるのか、それとも財産の保全管理責任を取り上げるのか、さらに、何についての報告責任を取り上げるのか——会計報告（財務諸表／計算書類）を取り上げるのか、非会計報告（事業報告）を取り上げるのか——を決定し監査の対象を限定する必要がある。また、財産の保全管理責任を取り上げる場合、消極的な意味での財産の保全管理を取り上げるのか、すなわち、いかなる意味での財産の保全管理を取り上げるのか——117~118頁において識別した(a)から(g)のどれか——、あるいは積極的な意味での保全管理にも及ぶのか——(h)——を決定する必要がある。監査機能の分業である。

たとえば、最高経営責任者（代表取締役社長）が負っている受託責任を取り上げると、

・誰（いかなる監査人）が、最高経営責任者の受託責任のうちの報告責任のいかなる部分を取り上げるのか——会計報告と事業報告（非会計報告）を、誰（いかなる監査人）が取り上げるのか

・誰（いかなる監査人）が、最高経営責任者の受託責任のうちの財産保全管理責任のいかなる部分を取り上げるのか――(a)から(g)のいずれを、誰（いかなる監査人）が取り上げるのか、またどのようにそれを報告責任と結びつけるのか

・受託責任に対するモニタリングとして、監査以外の手段に委ねたほうが合理的と判断される受託責任の部分はないか

が問題とされる。しかし、監査の歴史は、受託者（経営者／取締役）の受託責任の遂行状況を委託受託関係からは独立した第三者が、法の介在なしに、監査することは難しかったことを示している。取締役（経営者）の受託責任に関連して、監査の主題としてイギリスの会社法（1844年登記法）が初めて認識したのは、会計的言明――貸借対照表――であった。その後の会社法の展開のなかで、会計的言明は損益勘定そして損益計算書に拡大していったが、基本的には、監査は受託責任のうち報告責任にかかわっていた。アメリカにおける会計史も、監査が報告責任に限定されていたことを示している。

監査において報告責任――厳密には会計にかかる報告責任――以外の部分が取り上げられたのは、わが国だけではなかろうか。監査役監査の主題は、ロエスレル草案から平成26年改正会社法に至るまでのさまざまな展開を経て、言明の監査においては「非会計報告」（非会計的言明）の領域を視野に入れ、さらには「行為の監査」の領域にまで拡大した[1]。このような商法および会社法の展開は、基本的には、取締役が遂行した報告責任と財産の保全管理

1　監査役監査の主題に関連すると判断される事項の変遷は、以下のように要約できる。

	監査の主題
ロエスレル草案	頭取及ヒ発起人ノ業務取扱、其取扱上ノ錯誤、決算帳、比較表及ヒ利息利益ノ配当案
明治23年旧商法	取締役ノ業務施行、其業務施行上ノ過愆及ヒ不整、計算書、財産目録、貸借対照表、事業報告書、利息又ハ配当金ノ分配案
明治26年改正旧商法	取締役ノ業務施行、計算書、財産目録、貸借対照表、事業報告書、利息又ハ配当金ノ分配案
明治32年新商法	財産目録、貸借対照表、営業報告書、損益計算書、準備金及ヒ利益又ハ利息ノ配当ニ関スル議案
昭和25年改正商法	財産目録、貸借対照表、営業報告書（会計ニ関スル部分）、損益計算書、準備金及ヒ利益又ハ利息ノ配当ニ関スル議案
昭和49年改正商法・商法監査特例法 ○【大会社の場合】	営業報告書（会計に関する部分以外の部分に限る）、利益の処分又は損失の処理に関する議案、附属明細書（会計に関する部分以外の部分に限る）、取締役の職務の執行に関する不正の行為又は法令若しくは定款に違反する重大な事実
平成17年会社法・平成26年改正会社法 ○【大会社の場合】	事業報告及びその附属明細書、取締役の職務の執行に関する不正の行為又は法令若しくは定款に違反する事実、内部統制システムの整備の基本方針についての取締役会決定（決議）の内容の概要およびその運用状況の概要、株式会社の支配に関する基本方針が事業報告の内容となっているときの当該事項

責任の双方について、独立的な評価が必要であるとの認識に基づいたものと思われるが、監査の実効性は、監査の主題を法律で明示しただけでは確保されず、監査人の適格性や独立性、十分に具体的に明示された規準の存在など、監査を支える環境が用意されていなければならない。監査役監査が長年抱え、なかなか解決できない問題である。

一方、内部監査は、従業員の不正摘発を睨んで行われた帳簿監査がその起点であり、その後、会計制度監査、能率監査、効率性監査、規程準拠性監査など、経営者のニーズに応えて、従業員の経営者に対する受託責任の意味内容を監査の主題として捉え、企業の拡大や経営者の経営管理に対する意識の変化とともに発展してきた。内部監査の外郭を示す表現はさまざまあるが、そのほとんどが本質的には「行為の監査」に収斂するものであった、と考えられる。内部監査の潮流に大きな変革があったとすれば、株式会社のガバナンス（取締役会）を無視して、その在り方を考えることが次第に現実的ではなくなってきたことであろう。

現代企業の経営者が内部監査部門に期待することとして、これまでの内部監査の潮流を変えるような、あるいはそれに新たに加わるような動きはあるのであろうか、内部監査の実態についての調査が、何よりも待たれる所以である。

§3 総括

監査は、本質的に、過去志向である。人が行ったことを規準に照らして評価し、分析し、その結果を監査の委託者に伝え、経営に従事した人、業務に従事した人がそれぞれ負っている受託責任を第三者である監査人が実質的に解除し、経営や業務を先に進めるという本質を有している。そのような監査人の営みのなかで、監査人は監査を受ける主体（受託者）に対して、助言や指導を与えることにより、彼らの受託責任が一段と適切に遂行できるように支援するという役割を果たしている。この助言機能は監査機能のなかに元来含まれているものであり、監査人の裁量によって行われるものではない。

たとえば、公認会計士による財務諸表監査において、被監査会社の経営者や現場の経営管理者が、公認会計士に対して業務管理の改善（会計管理や内部統制の改善）に役立つ指導や助言を期待すること、あるいは公認会計士に対して監査結果の講評等を求めるのは、助言や指導は監査という枠組みのなかで当然想定される機能（監査人の役割）であるからである。同様な役割は、おそらく、内部監査部門に対して現場の業務担当者が求めていることであろう。一方的に財務諸表や業務を検査し、その結果を委託者に伝達すれば、監査は終わり、という姿勢では、監査に対する当事者からの信頼は得られないであろう。委託者と受託者の双方に向かって複眼的な役割を演ずることが監査人には求められているのである。「保証」は監査によって生み出される本質的な監査用役であるが、それだけでは監査は十分とはいえないのである。

公認会計士が従事する言明の監査に関して、考えておかなければならない新たな問題がある。それは、統合報告が財務報告と事業報告（非財務報告）との単なる結合ではなく、財務報告を基軸とし、そこに非財務報告が融合するような形で表示される、新たな段階の〝統合報告〟に深化する可能性があることである。非財務報告に関する企業の情報発信は、現在、さまざまな伝達媒体を通じて、各社各様で行われている。かかる非財務報告は、現在、〝ESG情報〟として捉えられ、各領域における情報公開の内容と程度に応じて、マーケットが評価し企業を格付けする状況が進み始めている。どのような型の統合報告に収斂するかはこれからの展開次第であり、試行錯誤を繰り返すことになると予想されるが、ESG評価を含む企業の総合的な格付けが〝統合報告〟を基礎にしてなされることも遠い将来ではないように思われる。しかし、そのような展開において、おそらくは避けられないであろう監査に関して厄介な問題は、このような統合的な言明の信頼性の保証を、どのように考えるべきかという問題である。少なくとも現時点での理論、制度、そして実務のもとでは、それぞれの言明に対する異なった保証水準を統合させることは難しいからである。

監査役監査においては、多少、状況が異なる。監査役が取締役の職務執行に関して果たす監査機能は、取締役が業務執行取締役であるかどうかに関して、微妙に異なり得る。株主に対しては、業務執行の有無にかかわらず、取締役会において取締役がその監督機能を果たしていたかどうかについての「保証」――果たしていなかった場合にはその指摘――にとどまり、それを超える機能の遂行はないし、期待されていない。しかし、業務執行取締役に対しては、監査役は、取締役の職務執行が法令・定款に従って行われていることについての「保証」に加え、業務執行取締役の受託責任の遂行に関して必要な指導や助言を与える、という監査機能が加わる。この側面を誤解あるいは過度に強調すると、監査役監査の実質が、会社法（商法）が期待していない「監査役監査の内部監査化」に向かってしまうことになる。

監査役監査は、さまざまな問題をそれ単独で、また取締役会との関係で抱えている。これまでの商法（会社法）の改正が、監査役監査の枠組みをあまりにも複雑にしてしまったことの帰結であろう。やはり監査役監査の枠組みをスリムにし、もっと有効に機能する新しい監査役監査に止揚させていくことが必要ではなかろうか。

結びにかえて

社会構造が複雑になり、社会の構成員の間での潜在的な利害の対立が激しくなってくると、情報や行為に対して、何らかのチェックを求め、潜在的な利害の対立を緩和し、あるいは引き下げようとする気もちが強くなる。本書で考察の対象とした「監査」は、情報の質（信頼性）あるいは行為の質（有効性、効率性、妥当性、あるいは適法性）を、第三者（監査人と呼ばれる）が確かめ、それを明示的な形で、あるいは黙示的な形で保証する行為である。

しかし、注意を要することは、情報や行為をモニターの対象とする行為はほかにもあり、そのため、監査という概念を学術的に定義し、その本質的属性を正しく社会に向かって啓蒙していかないと、監査とそれ以外のものとの間の境界が次第に曖昧あるいは怪しくなり、その結果、監査概念が次第に希薄化してしまうことになる、という点である。

本書は、その境界を示すものとして「委託受託関係に基づく受託責任」を取り上げた。いかにこれからの社会が変わろうとも、委託受託関係は必ず存在し、それを基礎に置いた受託責任は、われわれの人間社会――とりわけ経済社会――において、必ず認識されるべき最もファンダメンタルな概念と考えるからである。受託責任を基礎に監査を思考し、さらに将来に向かって展開することは正しい、と確信している。

アメリカ会計学会を代表する著名な会計研究者（Watts and Zuo, 2016, p.420）は、stewardship（委託受託関係）にもっと引きつけた会計の枠組みや会計研究をすることの必要性を次のように訴えている。この引用（強調追加）をもって、本書の締めくくりとしたい。

> Investors rely on financial reporting in order to hold management to account: to assess the delivery of the business model and the creation of long-term shareholder value. Providing information for this **stewardship** must be regarded **as a central objective**, rather than secondary to information for investment decisions.

付録資料　監査報告の推移

　監査報告は、変遷を繰り返しながら、昭和25年商法改正にたどり着いた。以下に紹介する資料Ⅰは、監査役監査が導入される前の報告（日本郵船會社）から、監査役監査が導入され昭和25年商法改正直前までの監査報告（日本郵船株式会社）の変遷を、また資料Ⅱは、監査役監査が導入されたもとでの監査報告（株式會社芝浦製作所）から昭和25年商法改正直前の監査報告（東京芝浦電氣株式會社）までの変遷をそれぞれ示したものである。少しずつ文言が変わりつつある状況と、著名な会社役員が当時のガバナンスに参画していた状況が示されている。

資料Ⅰ

■明治26年時点の報告

右本社第八回報告前書之通相違無之候也

明治二十六年十二月一日

日本郵船會社々長　森岡昌純

同副社長　吉川泰二郎

同理事　内田耕作

同理事　淺田正文

同理事　近藤廉平

同理事　加藤正義

■明治27年時点の監査報告

右之通候也

明治二十七年十一月二十六日

専務取締役社長　吉川泰二郎

専務取締役副社長　近藤廉平

専務取締役　加藤正義

取締役　磯邉包義

取締役　園田孝吉

取締役　中上川彦次郎

取締役　内田耕作

取締役　淺田正文

取締役　莊田平五郎

取締役　澁澤榮一

取締役　森岡昌純

右檢査候處前書之通相違無之候也

監査役　阿部泰藏

監査役　山本直成

■明治32年時点の監査報告

右之通候也
明治三十二年十一月二十七日

専務取締役社長　近藤廉平
専務取締役副社長　加藤正義
取締役　園田孝吉
取締役　中上川彦次郎
取締役　淺田正文
取締役　莊田平五郎
取締役　澁澤榮一

右取締役ノ提出ニ係ル書類ヲ調査シ其適法正確ナルヲ認メ玆ニ報告候也

監査役　有島武
監査役　小幡篤次郎

■昭和21年時点の監査報告

右之通候也
昭和二十一年十月二十三日

取締役社長　寺井久信
取締役副社長　市原章則
常務取締役　後藤忠治
常務取締役　淺尾新甫
常務取締役　生駒實
取締役　寺田甚吉
取締役　山田朝彦
取締役　原田憲次郎
取締役　山本瞻

右取締役ノ提出ニ係ル書類ヲ調査シ其適法正確ナルヲ認メ玆ニ報告候也
昭和二十一年十月二十四日

監査役　天野利三郎
監査役　渡部信

■昭和24年時点の監査報告

右の通りである
昭和二十四年七月二十六日

取締役社長　淺尾新甫
取締役副社長　生駒實
常務取締役　山本鱔
常務取締役　重盛米治郎
常務取締役　原太郎
常務取締役　梁瀬聖
取締役　横山渉
取締役　雨宮謙次
取締役　兒玉忠康

右取締役より提出の書類を調査した結果その適法正確であることを認めこゝに報告する
昭和二十四年七月二十七日

監査役　東久世昌枝
監査役　中川清吾

資料Ⅱ
■明治37年時点の監査報告

一金壹千貳百拾八圓七拾四錢參厘　　正貨
合計金百七拾九萬九千五百貳拾圓七拾貳錢
以上
明治三十七年十二月

株式會社芝浦製作所
取締役會長　三井守之助
專務取締役　大田黒重五郎
取締役　團琢磨
取締役　飯田義一

右之通相違無之候也

監査役　朝吹英二
監査役　大島雅太郎

■大正15年時点の監査報告

一金七萬圓也　職員退職慰勞基金
一金五拾參萬九千八百貳拾五圓九拾貳錢　後期繰越金
合計金七拾萬四千八百貳拾五圓九拾貳錢

以上ノ通リニ候也

大正十五年十二月二十五日

株式會社芝浦製作所

取締役社長　岩原謙三
常務取締役　岸敬二郎
取締役　ジエー、アール、ギヤリー
取締役　團琢磨
取締役　藤瀬政次郎
取締役　納富磐一
取締役　オ、ブルースマン
取締役　大竹武吉

前記調査候處相違無之候也

監査役　綾井忠彦
監査役　越英之介

■昭和25年時点の監査報告

以上の通りである
昭和25年2月

東京芝浦電氣株式會社

取締役社長	石坂泰三
常務取締役	倉石太郎
常務取締役	岩下文雄
常務取締役	高橋恒祐
常務取締役	野路慶三
取締役	大谷元夫
取締役	池田熊雄
取締役	青木孝一
取締役	五味六四郎
取締役	鳥居 鉞

前記を調査し相違ないことを認める

常任監査役	久野元治
監査役	長島豊吉
監査役	高村甚平
相談役	新開廣作

Boyd, Edward. 1905. "History of Auditing" in *A History of Accounting and Accountants* edited by Richard Brown. (T. C. & E. C. JACK).

Committee of Sponsoring Organizations of the Treadway Commission. 1992. *Internal Control- An Integrated Framework.* (AICPA).

Commission on Auditors' Responsibilities (Cohen Commission). 1978. Report, conclusions, and recommendations. (New York, AICPA).

Committee on Basic Auditing Concepts. 1973. *A Statement of Basic Auditing Concepts.* (Sarasota: American Accounting Association).

Himmelblau, David. 1927. *Auditor's Certificates.* (New York, The Ronald Press Company).

Power, Michael. 1994. *The Audit Explosion.* (Demos).

Power, Michael. 1997. *The Audit Society: Rituals of Verifcation.* (Oxford University Press).

Rosenfield,P. 1974. "Stewardship" in *Objectives of Financial Statements,* Vol.2, edited by J. J. Cramer,Jr., and G. H. Sorter. (AICPA).

Special Committee on Assurance Services.1997. *The Report of Special Committee on Assurance Services.* (AICPA).

Watts, R.L. and L. Zuo. 2016. COMMENTARY - Understanding Practice and Institutions: A Historical Perspective. *Accounting Horizons* Vol.30, No.3 pp.409-423.

第2期実際報告〔明治15年の報告〕」（明治16年2月）・「第19期報告〔明治24年上半期〕」（明治24年7月）財団法人千葉県史料研究財団編『千葉県の歴史　資料編　近現代5（産業・経済2）』千葉県　2001年　565～585頁。

銚子瀛船會社『改定銚子瀛船會社規則』明治19年3月。

銚子瀛船株式會社『實際報告』第1～4回（明治27年2月～明治28年8月）。

千代田邦夫『アメリカ監査制度発達史』中央経済社　1984年。

千代田邦夫『貸借対照表監査研究』中央経済社　2008年。

得津　晶「会社法上の監査概念について――三種類の監査機関の妥当性監査権限」『法學』第80巻第4号　2016年10月　1～49頁。

鳥羽至英「監査理論と監査史――中世の荘園・ギルドにおける監査――」『南山経営研究』第9巻第2号　1994年11月　505～517頁。

鳥羽至英・秋月信二共著『監査の理論的考え方――新しい学問「監査学」を志向して――』森山書店　2001年。

中瀬勝太郎『徳川幕府の会計検査制度』築地書房　1990年。

日本監査役協会・監査法規委員会『監査役等と内部監査部門との連携について』(2017年1月13日)。

日本内部監査協会『第18回監査総合実態調査―― 2014年監査白書――』日本内部監査協会　2015年。

日本内部監査協会・監査役等と内部監査部門の理想的な関係に関する研究会「CIAフォーラム研究会報告　監査役等と内部監査部門の理想的な関係」『月刊　監査研究』No.506 2016年1月　50～64頁。

法律取調委員會「商法草案」法務大臣官房司法法制調査部監修『日本近代立法資料叢書21』商事法務研究会　1985年。

法律取調委員會「商法草案議事速記第11回」法務大臣官房司法法制調査部監修『日本近代立法資料叢書18』商事法務研究会　1985年。

三井銀行「三井銀行申合規則」・「三井銀行成規」日本銀行調査局編集『日本金融史資料　明治大正編　第3巻[銀行全書三井銀行之部(四編三)]』大蔵省印刷局　1957年。

明治生命保険会社「明治生命保険会社定款」・「役員一覧表（就任順）」財団法人日本経営史研究所編『明治生命百年史資料　明治14年～昭和57年3月』明治生命保険相互会社　1982年　11、15頁。

【文献紹介】

ここでは、本書の執筆に際して引用・参考にした著者を含む内外の文献、著者が今回の執筆に際して新たに入手・利用した文献・史資料、および監査史に関する外国文献を紹介することにしたい。

上田銀行『第 5 回半季實際考課状』(明治 16 年下半季:明治 16 年 7 月 1 日〜明治 16 年 12 月 31 日);『第 11 回半季實際考課状』(明治 19 年下半季);『第 27 回〜第 28 回半季營業報告書』(明治 27 年後半季〜明治 28 年前半季)。

上村達男『会社法改革——公開株式会社法の構想』岩波書店　2002 年。

大蔵省(土山盛有　堤校)『英國會社類編　自一　至六　完』大蔵省　明治 10 年。

會社條例編纂委員會「商社法第一讀會筆記」・「商社法第二讀會筆記」・「商社法第三、四讀會文字校正會議筆記」法務大臣官房司法法制調査部監修『日本近代立法資料叢書 17』商事法務研究会　1985 年。

岸本辰雄『商法正義　第弐巻』新法註釋會出版　発行年未記載。

岸本辰雄『改正　商事會社法正義　完』新法註釋會出版　明治 26 年。

坂本百大訳・J.L. オースティン『言語と行為— How to do things with words』大修館書店　1978 年。

参事院商法編纂委員「商法案」法務大臣官房司法法制調査部監修『日本近代立法資料叢書 21』商事法務研究会　1985 年　第 3 綴。

神馬新七郎『経営組織の能率化と内部監査制度』山海堂　1944 年。

第一國立銀行「第一國立銀行株主初集會議決件々(明治 6 年癸酉 6 月 11 日)」日本銀行調査局編集『日本金融史資料　明治大正編　第 3 巻［銀行全書〔初編〕之一　第一國立銀行之部〔一〕］』大蔵省印刷局　1957 年。

第一國立銀行「第一國立銀行半季實際考課状」(明治 7 年 1 月 11 日)日本銀行調査局編集『日本金融史資料　明治大正編　第 3 巻［附録］』大蔵省印刷局　1957 年。

高田晴仁「『取締役』と『監査役』の形成——ロェスレル草案の受容——」早川勝・正井章筰・神作裕之・高橋英治編『ドイツ会社法・資本市場法研究』中央経済社　2016 年　272 〜 295 頁。

銚子瀛船會社「銚子瀛船會社申合規則」(明治 14 年 9 月)・「第 1 回第 1 期

【著者紹介】

鳥羽　至英（とば・よしひで）

・1969 年　早稲田大学第一政治経済学部経済学科卒業
・1976 年　早稲田大学大学院商学研究科博士後期課程単位取得
・1983 年　商学博士（早稲田大学）取得
専修大学商学部教授、早稲田大学商学部教授を経て、
現在、国際教養大学客員教授

秋月　信二（あきづき・しんじ）

・1975 年　早稲田大学商学部卒業
・1980 年　早稲田大学大学院商学研究科博士後期課程単位取得
埼玉大学経済学部・大学院人文社会科学研究科教授を経て、
現在、埼玉大学名誉教授

業績（共著）

鳥羽至英・秋月信二共著『監査の理論的考え方——新しい学問「監査学」を志向して——』森山書店　2001 年。

鳥羽至英・秋月信二・他共著『財務諸表監査』国元書房　2015 年。

監査を今、再び、考える

〈検印省略〉

平成30年10月10日　初版発行

著　　者　鳥　羽　至　英
　　　　　秋　月　信　二
発 行 者　國　元　孝　臣

発 行 所　株式会社国　元　書　房

〒113－0034
東京都文京区湯島 3－28－18－605
電話(03)3836－0026　　FAX(03)3836－0027
http://www.kunimoto.co.jp　E-mail：info@kunimoto.co.jp

印　刷：プリ・テック㈱
製　本：協栄製本㈱
表　紙
カバー：㈲岡村デザイン事務所

ISBN978－4－7658－0569－8